Haftungsausschluss:

Die in diesem Buch angeführten Ratschläge und Empfehlungen wurden vom Autor sorgfältig in der Praxis geprüft und möchten Ihnen zeigen, Ihre Augenprobleme „ganzheitlich" zu sehen.

Die Empfehlungen und Übungen ersetzen jedoch NICHT den Gang zum Augenarzt. Weder Autor noch Verlag können daher eine Haftung für Schäden irgendeiner Art übernehmen, die direkt oder indirekt aus der Anwendung des Inhalts dieses Buches entstehen können.

Jede Haftung ist ausgeschlossen.

Bibliografische Information der Deutschen Nationalbibliothek: Die deutsche Nationalbibliothek verzeichnet diese Publikation in der Deutschen Nationalbibliografie, detaillierte bibliografische Daten sind im Internet über http://dnb.dnb.de abrufbar

Copyright 2019 Martin Leopoldseder

Umschlaggestaltung: Martin Leopoldseder
www.magicleo.at
www.leo-oma.at
www.martin-leopoldseder.com
Herstellung und Verlag: BoD – Books on Demand, Norderstedt

ISBN: 9783732281794

Vorwort und Einleitung

Liebe Leser!

Vorerst möchte ich Ihnen für den Erwerb dieses Buches recht herzlich gratulieren.

Möglicherweise brauchen Sie heute noch eine Brille, um diese Zeilen lesen zu können. Dies kann sich ändern, wenn Sie bereit sind, entschlossen an der Verbesserung Ihrer Sehkraft zu arbeiten.

Dieses vorliegende Werk, soll auch für Sie ein Segen sein, um von der „Durch**sicht**" wieder zur „Ein**sicht**" zu kommen. Dieses Buch ist, wie bisher alle meine Bücher, ein **Praxisbuch**. Ich verzichtete bewusst darauf, hunderte Seiten zu schreiben, von denen Sie keinen direkten, persönlichen Nutzen haben. Die praktische Umsetzung des Inhaltes dieses Buches genügt, um Ihre Sehkraft zu verbessern.

Der Inhalt dieses Buches ist die Essenz aus vielen Jahren praktischer Forschung. Ich empfehle Ihnen, wirklich jedes Wort in diesem Werk bewusst zu lesen und die Übungen aus allen Bereichen umzusetzen.

Auf die Anatomie (innerer Aufbau) des Auges werde ich in diesem Werk nicht eingehen, da es dazu ausreichend Informationen im Internet gibt.

Mein ganzheitliches Augentraining teilt sich in fünf Bereiche:

- Richtige Atmung
- Richtige Haltung
- Augengymnastik - Training der Augenmuskeln
- Mentales (geistiges) Augentraining
- Ernährung für die Augen

Ich wünsche Ihnen nun viel Freude, viel Erfolg und mein Segen begleite Sie beim Lesen,

Ihr

Martin Leopoldseder

PRAXISTIPP:

Lesen Sie täglich einige Seiten in diesem Buch und setzen Sie den Inhalt praktisch um.

Markieren Sie alles was Sie anspricht mit einem Stift und/oder schreiben Sie alles was Sie anspricht auf einen Notizblock.

Inhaltsverzeichnis

„Ich hebe meine Augen auf zu den Bergen: Woher kommt mir Hilfe? Meine Hilfe kommt vom Herrn, der Himmel und Erde gemacht hat."

„Er lässt deinen Fuß nicht wanken; er, der dich behütet, schläft nicht. Nein, der Hüter Israels schläft und schlummert nicht."

„Der Herr ist dein Hüter, der Herr gibt dir Schatten; er steht dir zur Seite."

„Bei Tag wird dir die Sonne nicht schaden, noch der Mond in der Nacht."

„Der Herr behüte dich vor allem Bösen, er behüte dein Leben."

„Der Herr behüte dich, wenn du fortgehst und wiederkommst, von nun an bis in Ewigkeit."

Psalm 121

1 Augenkrankheiten

Um Augenkrankheiten vorzubeugen, ist ganzheitliches Augentraining von wichtiger Bedeutung.

Die Augen oder Augenschäden geben auch oft Aufschluss über körperliche Erkrankungen:

- Diabetes,
- Nierenentzündung,
- Bluthochdruck,
- Arteriosklerose (Arterienverkalkung),
- Stoffwechselerkrankungen,
- Tumore,
- Rheuma,
- Schlaganfall,
- Migräne. (Tino Niggemeier (2016) Online Ressource)

Auf folgenden Seiten möchte ich auf die wichtigsten Augenkrankheiten näher eingehen.

1.1 Die wichtigsten Augenkrankheiten

Alterssichtigkeit:

Dieser Begriff wird im Allgemeinen für die etwa im Alter von 40 Jahren beginnende, nachlassende Nahanpassungsfähigkeit der Augenlinse verwendet.

Es entwickelt sich eine Art Weitsichtigkeit. Je früher mit der Entspannung der Augenmuskeln begonnen wird, umso besser kann das Sehvermögen erhalten oder wieder verbessert werden.

Alterssichtigkeit steht psychologisch für den so genannten Alters-Starrsinn. Darunter wird die Fixierung auf ein festes Denkmuster, zu wenig oder nachlassende geistige Flexibilität, den Rückzug nach dem Motto: "Ich bin alt (damit meinen wir: erfahren, weise), und deshalb habe ich recht" verstanden. (Tepperwein, K. (2002), S. 24)

Augeninfarkt:

Bein einem Augeninfarkt handelt es sich um eine Durchblutungsstörung des Sehnervs und der Netzhaut, die zu Gefäßverschlüssen führen kann. Dabei wird die Blutversorgung der Netzhaut im Auge unterbrochen. Eine verringerte Sehkraft sowie kurzzeitiges oder dauerhaftes Erblinden sind mögliche Symptome. Die oftmals einseitige Erkrankung, die auch Sehsturz genannt wird, bleibt in manchen Fällen über längere Zeit unbemerkt, da das zweite Auge bei einem Augeninfarkt in der Regel störungsfrei funktioniert. Der Augeninfarkt löst Symptome aus, die meist auf ein Auge beschränkt sind.

Oft berichten Betroffene von einem Schleier vor den Augen oder einer generell verschwommenen Sicht. Auch ein eingeschränktes Sichtfeld kann ein Hinweis auf einen Augeninfarkt sein. (Jan Zimmermann (2008) Online Ressource)

Augenkrebs:

Ein Tumor wächst im Auge meist symptomlos heran und wird häufig nur durch eine Routineuntersuchung beim Augenarzt erkannt. Die Hauptursache für Augenkrebs ist eine genetische Veranlagung.

Hinweise für Augenkrebs können folgende Symptome sein: Sehstörungen, unscharfes, verschwommenes Sehen, Schatten im Sichtfeld, Doppelbilder, Lichtblitze, Augenschmerzen. (Jessica Jansen (2018) Online Ressource)

Astigmatismus:

Durch eine Verkrümmung der Hornhaut ist die Abbildung auf der Netzhaut nicht punktuell, sondern verzerrt. Es gibt keinen genau abgegrenzten Brennpunkt. Das Bild wird unscharf, ähnlich einem Blick durch ein gewölbtes Glas. Die leichte Form des Astigmatismus ist von dem Grad der Anspannung bzw. der Ermüdung des Auges abhängig und tritt deshalb häufiger abends auf. Astigmatismus kann auch mit der Körperhaltung sowie mit emotionalen Faktoren zusammenhängen. Schwere Formen des Astigmatismus benötigen eine Brille. Astigmatische Augen ermüden schnell und schmerzen. Fragen Sie sich einmal, was Ihrer Seele weh tut, wenn Sie in die Welt blicken? Welches Auge ist astigmatisch? Astigmatisch kann allein, aber auch in Verbindung mit anderen Sehstörungen, auftreten. (Tepperwein, K. (2002), S. 25)

Bindehautentzündung:

Die Bindehaut ist eine Membran, die die Lederhaut des Auges bedeckt und gleichzeitig schützt. Sie kann durch viele Einflüsse unserer Umwelt gereizt werden: Smog, Pollen, chemische Stoffe, Tabakrauch – um nur einige zu nennen. Auch Zugluft oder Fremdkörper im Auge können eine Entzündung der Bindehaut hervorrufen. Eine häufige Ursache für eine Bindehautentzündung ist eine allergische Reaktion auf bestimmte Stoffe.

Bei einer Bindehautentzündung ist das Auge gereizt, gerötet und tränt, oftmals ist es extrem lichtempfindlich. Die Augenumgebung kann anschwellen. Wie bei allen anderen Allergien auch, handelt es sich hier um eine Störung im körpereigenen Abwehrsystem.

Beim Allergiker ist dieses System massiv gestört, denn es macht körperfreundliche Stoffe zu Körperfeinden. **Alle Allergien haben immer eine seelische Komponente. Übertriebene Abwehr wird nur dort entstehen, wo große Angst herrscht. Der Abwehrmechanismus unserer Psyche beginnt zu wirken. Sehr häufig liegt der Ursprung in nicht ausgelebten Aggressionen, die sich dann gegen den eigenen Körper richten.** Finden Sie heraus, auf was Sie allergisch reagieren, spüren Sie selber in sich hinein und fragen Sie nach den Ursachen. Sind Sie etwa gegen Hausstaub allergisch, dann suchen Sie den Grund dafür, möglicherweise in Ihrer Angst vor Schmutz. Ein Abbau allergischer Augenreaktionen ist nur durch eine Ursachenbehandlung möglich; alles andere bleibt eine reine Symptombehandlung. Für die Symptome gibt es heute viele verschiedene Medikamente und Therapieformen, jedoch nur die Berücksichtigung der seelischen Faktoren bringt nachhaltige Hilfe. Dies gilt nicht nur für die Augen, sondern für alle Lebensbereiche.

Wie stark die Verbindung zwischen Gedanken und Körper ist, zeigt die Reaktion mancher Allergiker, wenn sie nur an den allergieauslösenden Faktor denken: Die Symptome entstehen bereits mit den Gedanken daran! (Tepperwein, K. (2002), S. 26)

Diabetes:

Mit Diabetes ist ein zehnmal höheres Risiko zur Erblindung verbunden. Das Insulin erhält zwar den Diabetiker lebensfähig, doch lässt sich eine Auswirkung der Krankheit auf die verschiedenen Organe nicht verhindern. Das Auge leidet dabei durch den geschwächten Kreislauf am meisten. Außerdem können Blutfette und Plasma durch kleine Löcher in den Kapillaren in der Netzhaut abgelagert werden.

Erhebliche Sehstörungen sind die Folge. Bei jüngeren Diabetikern vergrößert sich das Kapillarsystem der Netzhaut, neue Blutgefäße können entstehen. Diese Gefäße können leicht platzen, und das entweichende Blut blockiert den Lichteinfall auf der Netzhaut. Eine vorübergehende Blindheit ist die Folge. Solange das Auge in der Lage ist, das Blut zu absorbieren, wird der Blick nach einiger Zeit wieder frei. Da diese Fähigkeit aber nicht unbegrenzt ist, besteht die Gefahr einer ständigen Blindheit. (Tepperwein, K. (2002), S. 27)

Einfluss von Medikamenten:

Medikamente, die zum Beispiel als Tabletten eingenommen werden, können sich über den Blutkreislauf im Körper verteilen und so zum Auge gelangen. Zum Teil werden Medikamente auch über die Tränendrüsen und die Tränenflüssigkeit wieder abgegeben. Diese befeuchtet nicht nur das Auge, sie ernährt zudem die Hornhaut und unterstützt sie bei der Bildung von neuen Zellen.

Über die Tränenflüssigkeit gelangen die Wirkstoffe also an die Hornhaut und können sich dort ablagern. Das hat in manchen Fällen Schleiersehen zur Folge. Wird das Medikament abgesetzt, baut der Körper die Medikamenten-Ablagerungen ab und die Nebenwirkungen verschwinden im Normalfall wieder. (Tino Niggemeier (2016) Online Ressource)

Farbfehlsichtigkeit:

Wie intensiv wir Farben wahrnehmen können, ist vom Licht abhängig. In der Dunkelheit ist im Grunde jeder Farbenblind. Viele Menschen jedoch können jedoch auch bei Tageslicht Farben nicht deutlich erkennen. Am häufigsten tritt dies bei der Unterscheidung von Rot und Grün auf.

Die Wahrnehmung von Farben ist in den verschiedenen Kulturkreisen sehr unterschiedlich. Interessant ist es auch zu wissen, dass es bestimmte Farben in manchen Sprachen gar nicht gibt. (Tepperwein, K. (2002), S. 28)

Fehlsichtigkeit:

Dazu gehören alle Sehfehler, bei denen eine Brechungsanomalie des Auges vorliegt, und bei der die Lichtstrahlen nicht punktuell auf der Netzhaut vereinigt werden. Dies bedeutet, dass das Bild nicht mehr klar, sondern verschwommen wahrgenommen wird. **Wer nichts gegen die Fehlsichtigkeit unternimmt, also den komfortablen Weg einschlägt und sich eine Brille verschreiben lässt, erreicht nur, dass die Augen sich in der falschen Position fixieren - eine schleichende Verschlechterung der Sehkraft erfolgt zwangsläufig!** (Tepperwein, K. (2002), S. 29)

Gerstenkorn:

Dabei handelt es sich um eine Talgdrüse am Lidrand, die sich entzündet, anschwillt und sehr schmerzhaft werden kann. Normalerweise öffnet sich innerhalb von einer Woche der Eiterpickel von selbst, das Eiter fließt ab, und die Schwellung geht zurück. (Tepperwein, K. (2002), S. 29)

Grauer Star:

Durch Ablagerung in der Augenlinse entsteht eine Trübung der Linse, sodass das Licht nicht mehr zur Netzhaut dringen kann. Die Sehkraft wird reduziert.

Anspannung und ein „starrer Blick" begünstigen diese Entwicklung. Der graue Star wird zwar zu den sogenannten Alterskrankheiten gerechnet, kann jedoch auch in jungen Jahren auftreten, etwa durch Augenverletzungen, durch Veränderungen in den Körperfunktionen, Diabetes, Fehlernährung oder durch Drogen.

Der graue Star ist eine sehr weit verbreitete Sehstörung: Rund 50 Prozent der Bevölkerung in Deutschland zwischen 52 und 64 Jahren leiden an dieser Augenkrankheit. Zwischen 65 und 75 Jahren sind es weit über 90 Prozent. (Bernd Bertram (2019) Online Ressource)

Der graue Star ist schmerzlos. Er reduziert die Sehschärfe und bewirkt einen verschwommenen Blick. Meist geht dieser Prozess mit einer Lichtempfindlichkeit einher. Der graue Star kann langsam entstehen, er kann sich aber auch schnell entwickeln. Beide Augen können gleichzeitig befallen werden, die Erkrankung kann aber auch nur an einem Auge auftreten. Die Schulmedizin bietet den chirurgischen Eingriff zur Behandlung an.

Wer an grauem Star leidet, sollte sich einmal fragen, wie er sein Leben empfindet. Sind Sie innerlich müde, ist Ihnen alles zu anstrengend? Kein Wunder, wenn sich dann Ablagerungen auch im Auge bilden. (Tepperwein, K. (2002), S. 30)

Grüner Star (Glaukom):

Nicht behandelt kann diese sehr gefährliche Augenkrankheit zur Erblindung führen. Symptome werden im Allgemeinen erst dann bemerkt, wenn eine Schädigung bereits eingetreten ist. Aus diesem Grund ist es äußerst wichtig, regelmäßig seine Augen untersuchen zu lassen. **Nur der Augenarzt kann feststellen, ob sich gefährliche Erkrankungen im Augenbereich entwickeln!** Das Glaukom entwickelt sich im Augeninneren, und zwar in der vorderen Kammer, wenn die Produktion von Kammerwasser in größerem Maß erfolgt als dessen Abtransport. Dadurch vermehrt sich die Flüssigkeit und drückt auf das Augeninnere, wodurch der Druck noch weiter ansteigt. Als Folge können die Nerven der Netzhaut sowie der Sehnerv geschädigt werden. Dies kann zu einer Einschränkung des Sehvermögens und im schlimmsten Fall zur Erblindung führen.

Bei frühzeitiger Entdeckung des Glaukoms kann durch ständige Medikamenteneinnahme dieser zerstörerische Prozess gestoppt werden, sodass wenigstens die noch vorhandene Sehfähigkeit erhalten werden kann. Ansonsten bleibt die operative Möglichkeit, die jedoch nicht ungefährlich ist. **Der grüne Star steht für nicht ausgelebte Emotionen, unterdrückte Gefühle, die so lange zurückgehalten werden, bis man „platzt". Können Sie Ihre Gefühle zeigen, die positiven und die negativen? Leben Sie Ihre Emotionen aus? Machen Sie Ihrem Ärger Luft, oder beherrschen Sie sich immer?** (Tepperwein, K. (2002), S. 31)

Glaskörpertrübung:

Fast jeder hat beim Blick in den Himmel oder auf eine weiße Wand schon einmal kleine schwarze Punkte, Fäden oder Mücken wahrgenommen, die vor den Augen umherzuwandern scheinen. Dieses Phänomen wird im französischen „mouches volantes" bezeichnet, was übersetzt „fliegende Fliegen" bedeutet. Bei uns sagt man dazu „fliegende Mücken". Sie entstehen im Auge, genauer im Glaskörper des Auges. „Fliegende Mücken" entstehen durch eine altersbedingte Glaskörpertrübung. Der Glaskörper bildet sich im Laufe des Lebens immer weiter zurück. Durch das Schrumpfen löst sich dieser allmählich von der Augenrückwand ab, weswegen sich die Kollagenfasern im Inneren des Glaskörpers zusammenballen. Die zusammengeballten Fasern erzeugen dann den Eindruck von dunklen oder halbdurchsichtigen Punkten im Auge, die vornehmlich vor hellem Hintergrund wahrgenommen werden. (Sabrina Mihlan (2016) Online Ressource)

Hornhautentzündung:

Die meisten Hornhautentzündungen werden durch Bakterien, Viren und Pilze verursacht. In manchen Fällen kann eine toxische Verseuchung des gesamten Organismus, etwa durch eine chronische Krankheit oder chronische Verstopfung, eine Entzündung der Hornhaut hervorrufen. Die alleinige Behandlung des Auges kann deshalb keinen nachhaltigen Erfolg bringen. Eine Entgiftung des gesamten Körpers ist notwendig! (Tepperwein, K. (2002), S. 33)

Hornhautverletzung:

Oberflächliche Hornhautverletzungen, etwa durch winzige Staubkörnchen, sind ungefährlich. Das Auge hilft sich selbst durch verstärkten Tränenfluss und schwemmt den Fremdkörper aus. Alle anderen Verletzungen der Hornhaut gehören in sofortige, ärztliche Behandlung. Der Fremdkörper muss entfernt und das Auge gereinigt werden, damit der Heilungsprozess einsetzen kann. Besonders gefährlich sind chemische Stoffe. Das Auge muss SOFORT unter fließendem Wasser gespült werden, schnellste ärztliche Behandlung ist unerlässlich. (Tepperwein, K. (2002), S. 32)

Kurzsichtigkeit:

In westlichen Ländern ist jeder Fünfte kurzsichtig., Die Tendenz ist steigend. Bisher wurde Kurzsichtigkeit als eine geerbte Sehschwäche betrachtet. Interessanterweise ist jedoch die Verbreitung der Kurzsichtigkeit von bestimmten Kulturkreisen, der jeweiligen Umweltsituation und der Schulbildung abhängig. In ländlichen Gegenden tragen nur fünf Prozent der Bevölkerung eine Brille, während 50 Prozent der Maturanten in den Städten kurzsichtig sind! Neue Lebensumstände bringen veränderte Sehgewohnheiten mit sich – daraus ergeben sich dann natürlich auch andere Sehstörungen.

Emotionaler und physischer Stress wirken auf die Sehfähigkeit. Psychologische Faktoren spielen eine wesentliche Rolle. Bestimmte Persönlichkeitsmerkmale lassen bestimmte Sehprobleme entstehen. Im Gegensatz zur Weitsichtigkeit vereinigen sich bei der Kurzsichtigkeit die Lichtstrahlen vor der Netzhaut. Das Bild in der Ferne wird nur verschwommen wahrgenommen. Bei Kurzsichtigen scheint tatsächlich eine Veränderung des Augapfels vorzuliegen: Bei kurzsichtigen Augen sind die Augäpfel länger als bei normaler Sehstärke.

Ständig angespannte Ziliarmuskeln machen die Fokussierung auf entfernte Punkte unmöglich. Bei jeder Kurzsichtigkeit kann eine Netzhautablösung entstehen. **Ständige Kontrolle durch einen Arzt ist empfehlenswert. Kurzsichtige sind oftmals Menschen, die Schwierigkeiten haben, sich mit Dingen zu befassen, die außerhalb Ihrer „Sichtweite" liegen. Sie befassen sich nur mit dem Nächsten, sie nehmen nur das Naheliegende wahr.** (Tepperwein, K. (2002), S. 33)

Makuladegeneration:

Bei der Makuladegeneration ist das Sehzentrum der Netzhaut im Auge betroffen: Die Sehzellen, die für farbiges und schwarz-weißes Sehen zuständig sind, sterben unwiederbringlich ab. Eine starke Sehbehinderung bis hin zur Erblindung ist die Folge. (Sabrina Mihlan (2016) Online Ressource)

Nachtblindheit:

Hauptsächlich beim Auto fahren in der Dunkelheit treten Schwierigkeiten beim Sehen auf. Die Iris, die sich in der Dunkelheit vergrößert, muss sich bei jedem plötzlichen Lichtschein schnell zusammenziehen, um sich dann wieder der Dunkelheit anzupassen und zu erweitern. Dieser Prozess benötigt normalerweise einige Minuten Zeit. Beim nächtlichen Autofahren mit den ständigen Lichtreflexen und einem schnellen Wechsel von Helligkeit zu Dunkelheit wird das Auge rasch überlastet.

Hier helfen Atemübungen und bestimmte Sehtechniken. Bei einer genetisch bedingten totalen Nachtblindheit fehlen die Sehstäbchen bzw. sie sind nicht in genügender Anzahl vorhanden. (Tepperwein, K. (2002), S. 34)

Netzhautablösung:

Die Netzhaut oder Retina ist eine dünne, lichtempfindliche Haut. Sie bedeckt die Innenfläche der hinteren Augenregion. Bei einer Netzhautablösung löst sich die Netzhaut von diesem Gewebe ab. Die Netzhautablösung macht sich im Allgemeinen durch kleine Teilchen, die vor dem Auge schwimmen, oder durch einen Schleier über den Augen bemerkbar. Eine Operation kann die Erblindung verhindern, wobei die Heilungschancen am größten sind, wenn die Diagnose schnell gestellt und eine Operation unverzüglich durchgeführt wird. (Tepperwein, K. (2002), S. 34)

Regenbogenhautentzündung:

Hierbei handelt es sich um eine Autoimmunerkrankung, bei der der Körper sein eigenes Gewebe angreift. Die Regenbogenhautentzündung kann auch mit anderen entzündlichen Erkrankungen in Verbindung stehen oder gemeinsam mit Infektionskrankheiten auftreten. Aus ganzheitlich-alternativer Sicht kann die Ursache auch an einer Vergiftung des Organismus liegen. **Eine Entgiftung des Körpers kann zu einer Besserung der Symptome oder sogar zu einer Heilung führen.** (Tepperwein, K. (2002), S. 35)

Schielen:

Dabei handelt es sich um eine fehlerhafte Stellung eines oder beider Augen. Dadurch entsteht ein Doppelbild, das das Gehirn nicht akzeptieren kann. Deshalb schaltet es oft einfach eines der beiden Bilder aus.

Das Sehen wird nur von einem Auge übernommen, die Sehnerven des anderen Auges verkümmern. (Tepperwein, K. (2002), S. 35)

Sicca Syndrom

Wenn die Augen brennen, jucken oder gerötet sind, können trockene Augen die Ursache sein. Mit unterschiedlichen Diagnosemethoden kann der Augenarzt trockene Augen feststellen und mit einer Behandlung die Symptome verbessern. Manchmal reicht es auch öfters zu „blinzeln", um die Tränenflüssigkeit zu erhöhen. (Sabrina Mihlan (2016) Online Ressource)

Sjögren Syndrom:

Hier handelt es sich um eine chronische Autoimmunerkrankung. Dabei richten sich die Zellen der Immunabwehr gegen Bereiche des eigenen Körpers und bekämpfen sie. Im Fall des Sjögren Syndroms greift das Immunsystem die Zellen von Sekret bildenden Drüsen an, vor allem sind die Speicheldrüsen und Tränendrüsen betroffen. (Tino Niggemeier (2017) Online Ressource)

Weitsichtigkeit (Hyperopie und Presbyopie):

Unter Hyperopie verstehen wir die Weitsichtigkeit seit Kindesalter, unter Presbyopie die sogenannte Altersweitsichtigkeit. Lange Zeit wurde die Meinung vertreten, dass Weitsichtigkeit vererbbar sei. Der Abstand von Hornhaut und Netzhaut ist zu kurz, sodass der Brennpunkt hinter der Netzhaut liegt und ein scharfes Fokussieren damit nicht möglich ist. Eine verstärkte Muskelarbeit kann die Krümmung der Linse so anpassen, dass auch entfernte Gegenstände fokussiert werden können. Es ist immer noch weit verbreitet, Kindern mit diesem Sehfehler sofort Brillen zu verordnen, damit sie ihre Augen nicht anstrengen müssen.

Bei der Geburt und einige Zeit danach, können Babys nur Grautöne wahrnehmen. Sie sehen also verschwommen. Erst später kommt das Sehen von Farben hinzu, bis sich dann die Sehfähigkeit nach einigen Monaten normalisiert hat. Es entsteht hier die Frage, inwieweit seelische Faktoren eine Rolle für die Weitsichtigkeit spielen. Die Altersweitsichtigkeit ist eine bekannte Zivilisationskrankheit. Im Gegensatz zur Hyperopie ist jedoch bei der Presbyopie das Auge normal geformt. Hier liegt das Problem darin, dass durch den Verlust der Elastizität die innere Linse und der Ziliarmuskel ein klares Fokussieren nicht mehr erlauben. Die innere Linse besteht aus transparenten, elastischen Fasern, deren Zellen sich nicht regelmäßig erneuern. Sie haben ihre Funktion das ganze Leben zu erfüllen. Nach und nach sterben diese Zellen allmählich ab, wodurch die Sehfähigkeit beeinträchtigt wird. (Tepperwein, K. (2002), S. 36)

Die folgenden Kapitel beschreiben mit praktischen, sofort umsetzbaren Übungen die fünf Bereiche meines ganzheitlichen Augentrainings.

Wie bereits zu Beginn des Buches erwähnt, umfasst mein ganzheitliches Augentraining die Bereiche:

1. Richtige Atmung
2. Richtige Haltung
3. Augengymnastik - Training der Augenmuskeln
4. Mentales (geistiges) Augentraining
5. Ernährung für die Augen

2 Die richtige Atmung

Atem ist Lebensenergie. Auch unsere Augen benötigen die Energie der Atmung. Lernen Sie BAUCHATMUNG.

Die meisten Menschen atmen flach und schwach. Anstatt wenigstens einen Liter Sauerstoff pro Atemzug aufzunehmen, wie es bei der richtigen Bauchatmung geschieht, atmen viele Menschen flach und nehmen deshalb lediglich einen halben Liter auf. Mit einer Ganzkörperatmung kann man bis zu vier Liter aufnehmen.

PRAXISTIPP:

Streben Sie eine Bauchatmung von sechs bis sieben Atemzügen in der Minute an. Lassen Sie sich Zeit. Spüren Sie einfach nur, wie Sie atmen. Legen Sie Ihre Hände auf die Bauchdecke und atmen Sie ruhig. Oft fängt das Herz an schneller zu schlagen, weil Sie jetzt ein wenig aufgeregt sind. Das macht nichts. Achten Sie nicht darauf. Atmen Sie einfach weiter, ruhig und gleichmäßig. Spüren Sie, wie die Luft in Ihre Nase eindringt. Stellen Sie sich beim Einatmen vor, wie Sie Heilungsenergie zuführen, und wie sich jede Zelle des Körpers erneuert. Beim Ausatmen stellen Sie sich vor, wie Unruhe Ihren Körper verlässt. Beobachten Sie den Strom des Atmens an den Nasenflügeln, beim Ein- und Ausatmen.

3 Besser sehen in bewusster und achtsamer Haltung

Spüren Sie, wie sich Ihre Halswirbelsäule streckt, wenn die Schlaufe aktiviert wird? Sie selber sind dabei ein bisschen gewachsen. Sie haben sich aufgerichtet. **Spüren Sie die positive Wirkung dieser Streckung vom Kopf bis zu den Zehen Spitzen.** (Podleschak, M. (2008), S. 40)

PRAXISTIPP:

Richten Sie Ihren Oberkörper gerade auf. Egal ob Sie sitzen oder stehen. Lassen Sie Ihre Schultern locker fallen und führen Sie die oben beschriebene Atmung durch. Stellen Sie sich vor, an Ihrem Kopf ist eine kleine Schlaufe befestigt. Eine Schlaufe hat die Aufgabe, als Halte - oder Aufhänge-Vorrichtung zu dienen. Kleider wie Mäntel, Pullover und Röcke haben eine Schlaufe, um ein Aufhängen am Haken oder an Kleiderbügeln zu ermöglichen. Diese erdachte Schlaufe befestigen Sie gedanklich in der Mitte Ihres Kopfes. Stellen Sie sich vor, wie Sie sich gedanklich und muskulär selber hochziehen.

3.1 Unterschied zwischen „Schauen" und „Starren"

Den Unterschied zwischen Schauen und Starren kann man am besten mit folgenden Beispielen erklären:

Man fährt auf der Autobahn. Dabei wird wohl Aufmerksamkeit in Bezug auf andere Verkehrsteilnehmer an den Tag gelegt. Bewusst wahrgenommen wird aber nicht, und es ist einem nicht bewusst, wie man das Ziel erreicht hat.

Ein anderes Beispiel ist das Fernsehen: Man starrt in einen Kasten und sieht zu, was sich dort bewegliches tut, ohne dabei selbst merklich die Augen zu bewegen. Oftmals verharren wir stundenlang mit ausdruckslosem Blick in gesundheitsschädlicher Haltung. Auch beim Schreiben und Lesen haben wir einen starren Blick. Den Computer, und das Smartphone brauche ich wohl nicht extra erwähnen.

4 Augengymnastik - Training der Augen-muskeln

Jedes Auge verfügt über sechs Muskeln und wie jeder Muskel wollen auch diese bewegt werden. Eine Verkümmerung dieser Muskeln bewirkt Beeinträchtigungen beim Sehvorgang. Bevor es also soweit kommt, rollen Sie mit den Augen. Und erst recht, wenn Sie bereits Behinderungen festgestellt haben. Frau Dr. Martha Podleschak schrieb in Ihrem tollen Buch „Ismakogie": **„Brillen sind Krücken, jede Krücke legt Muskeln lahm. „ Also trainieren Sie Ihre Augen, jedoch immer OHNE BRILLE!**

Lassen Sie die Blicke schweifen, und nicht den Kopf. Diesen lassen Sie wie er ist, bis Ihr Gesichtsfeld nach einer „Nachkorrektur" verlangt. Schließlich haben Ihre beiden Augen zwölf Muskeln zur Verfügung – nur wenn Sie keine hätten, müssten Sie den Kopf ständig verdrehen. Können Sie noch mit den Augen „anbandeln"? Versuchen Sie es wieder. Ihr Gesicht bekommt dabei einen heiteren Ausdruck, der auch Ihrer Seele wohltut. Lernen Sie auch wieder „um die Ecke zu schielen".

Als Folge von muskulärer Unbeweglichkeit erkranken auch die Augen. Kopfschmerzen und Migräne stellen sich ein. Nacken und Schultern werden verspannt. Die schlechte Oberkörperhaltung verstärkt das noch. Es ist kein Wunder, wenn eines Tages der Körper nicht mehr dabei mitmachen will und schmerzt, als Zeichen seines Protestes!

Werden die Augenmuskeln in Ihrer Aktivität gehemmt oder behindert, führt dies zwangläufig zum schlechteren Sehen.

Erinnern Sie sich an Ihre Kindheit. Mit großen Augen begegneten Sie den Überraschungen und Wundern des Lebens, nahmen diese in sich auf und sammelten damit Erfahrung.

Es gibt immer noch viel Neues zu sehen auf dieser Welt, auch im Kleinen. Wozu haben wir ein Dutzend Augenmuskeln mit auf unserem Lebensweg bekommen, wenn nicht, um sie zu bewegen? Und wenn Ihnen einmal zum Weinen ist, weinen Sie darauf los. Es ist das beste Augenbad für die Augen und Ihre Seele badet mit. (Podleschak, M. (2008), S. 83)

4.1 PRAKTISCHE ÜBUNGEN FÜR DIE AUGENMUSKELN

Hinweis: Falls nicht anders beschrieben, führen Sie die einzelnen Übungen mindestens eine Minute lang durch. Erfahrungsgemäß ist es auch hier, wie bei normalen Muskeltraining, optimal, kürzer zu beginnen, und die Trainingsdauer mit der Zeit zu erhöhen. Erstellen Sie sich selber einen Trainingsplan.

Es sind keine Nebenwirkungen bekannt.

PRAXISÜBUNG NR 1

Bewegen Sie Ihre Augen, ohne dabei die Kopfhaltung zu verändern. Schauen Sie so weit wie möglich auf eine Seite, bewegen Sie dabei nur Ihre Augen, und dann in die andere Richtung, ganz langsam. Auf dem Weg von einer Seite zur anderen lassen Sie die Augen alles bewusst wahrnehmen, was in Ihrem Blickfeld liegt. Es gibt dabei viele Kleinigkeiten zu entdecken – erfassen Sie sie.

Sie können dabei ruhig mit den Wimpern klimpern, es bewirkt eine Stimulation der Tränendrüse. Unsere Augen sollten immer feucht sein. Es stellt sonst sich ein Brennen und Jucken ein. Während Sie mit den Lidern flattern, atmen Sie aus. (Podleschak, M. (2008), S. 81)

PRAXISÜBUNG NR 2

Setzen Sie sich an einen Tisch, stützen Sie die Ellbogen auf, und bedecken Sie die offenen Augen mit den Handinnenflächen. Es soll kein Licht auf die Augen fallen. Das Auge darf auf keinen Fall gedrückt werden. Sie sollten sich in einer angenehmen, entspannten Körperhaltung befinden. Die angespannten Augenmuskeln lockern sich. Die Augen werden in Ruhelage versetzt und können sich erholen.

Besonders angenehm ist diese Übung, wenn Sie lange lesen, nähen, auf das Handy schauen, oder vor dem Bildschirm sitzen. (Tepperwein, K. (2002), S. 53)

PRAXISÜBUNG NR 3

Richten Sie Ihren Blick auf einen ca. 30 cm entfernten Gegenstand. Nach einiger Zeit blicken Sie dann in die Ferne (z.b.: einen Baum, anderes Haus). Ihr Blick geht anschließend wieder zurück auf den ca. 30 cm entfernten Gegenstand und wieder in die Ferne, usw.

PRAXISÜBUNG NR 4

Ohne den Kopf zu drehen, blicken Sie soweit wie möglich mit den Augen langsam nach oben, dann soweit wie möglich nach unten. Dann schauen Sie von links oben nach rechts unten und von links unten nach rechts oben. Diese Übung ist ruhig, langsam und ohne jede Anstrengung auszuführen.

PRAXISÜBUNG NR 5

Nehmen Sie einen beliebigen Text, der aus großen, fetten Buchstaben besteht, und halten Sie ihn so nahe vor die Augen, dass er ein bisschen verschwommen aussieht. Nehmen Sie die auf dem Foto bei Praxisübung Nr. 2 abgebildete Haltung ein: Die Ellbogen auf dem Tisch, bedecken Sie die offenen Augen mit den Händen, jedoch ohne die Augen zu berühren. Achten Sie auf eine allgemeine Entspannung des Körpers, indem Sie bequem sitzen und den Nacken nicht steif halten.

Um gleichzeitig die geistige Entspannung zu fördern, lassen Sie Ihrer Einbildungskraft (Imagination) freien Lauf. Denken Sie möglichst an angenehme Dinge, oder überdenken Sie die Ereignisse des Tages, doch ohne irgendetwas zu erzwingen.

Sofort werden Zeichen und Figuren möglicherweise auch leuchtende Punkte erscheinen, wie in einem Kaleidoskop. Aber nach einigen Minuten wird das alles langsam verschwinden und durch vollständige Dunkelheit ersetzt werden.

Warten Sie noch einige Minuten sehr ruhig in dieser Stellung. Das Ergebnis wird umso erstaunlicher, je länger die Übung durchgeführt wird.

Nehmen Sie anschließend die Hände von den Augen und schauen Sie auf den ausgewählten Text: Sie werden ihn mit einer überraschenden Deutlichkeit sehen!

PRAXISÜBUNG NR 6

Diese Übung sollte täglich zum Tagesbeginn durchgeführt werden: Nach dem Aufstehen und mit nüchternen Magen.

- Mit gelockerten Gliedern stellen Sie sich etwa in zwei Meter Entfernung vor ein geschlossenes Fenster.
- Die Füße stehen etwa 35 cm auseinander. Lassen Sie die Arme hängen.
- Beugen Sie den Oberkörper nach rechts und stützen Sie das ganze Körpergewicht dabei auf das rechte Bein, heben Sie die linke Ferse hoch.
- Richten Sie den Blick nacheinander auf die Mittelstrebe des Fensters und dann auf einen Gegenstand, der sich draußen befindet. (Fassade, Baum, Rauchfang, usw.)
- Machen Sie die gleiche Bewegung in umgekehrter Richtung und wechseln Sie dabei auch wieder die Entfernung des Blickfeldes ab.

Währenddessen soll keinerlei Anstrengung unternommen werden, um besser zu sehen: Es genügt, mit Gleichgültigkeit die scheinbare Bewegung der Gegenstände, die als Anhaltspunkte dienen, anzusehen.

Atmen Sie tief und langsam und blinzeln Sie bei jeder Bewegung. Dauer: Insgesamt drei bis fünf Minuten mit einem Rhythmus von ca. 50 Bewegungen in der Minute. (Tepperwein, K. (2002), S. 71)

PRAXISÜBUNG NR 7

Diese Übung sollten Sie am Abend vor dem Schlafen gehen durchführen:

Nehmen Sie eine stehende Haltung ein. Stellen Sie die Beine etwa 15 cm auseinander auf den Boden. Ihre Füße sind unbeweglich; Ihre Haltung locker. Lassen Sie die Arme hängen. Drehen Sie den Oberkörper abwechselnd nach rechts und nach links, indem das Körpergewicht auf dem entsprechenden Bein ruht. Die entgegengesetzte Ferse ist hochgehoben. Während dieser Zeit lassen Sie den Blick über die Gegenstände schweifen, ohne zu versuchen, diese deutlich zu sehen. In der Endstellung blinzeln Sie locker. Atmen Sie tief und langsam. Diese Übung nimmt anfangs drei bis fünf Minuten in Anspruch und kann allmählich länger dauern.

Diese Übung können Sie auch im Bett vor dem Einschlafen durchführen: Auf dem Rücken liegend wenden Sie den Kopf von links nach rechts und umgekehrt, wobei der Blick langsam über die Gegenstände wandert, denen er begegnet, am Endpunkt blinzeln. (Tepperwein, K. (2002), S. 74)

PRAXISÜBUNG NR 8

Viel blinzeln ist für ein sinnvolles Augentraining ein Muss! Für Menschen, die unter Augenschwäche leiden, ist es umso wichtiger. Da diese Übung bei JEDER Tätigkeit ausgeführt werden kann, ist sie leicht anzuwenden. Zum Beispiel während eines Spaziergangs, im Warteraum oder beim Einkaufen.

- Probieren Sie die absichtliche Verbindung des Blinzelns mit dem eigenen Schritttempo.
- Wenn Sie im Bett sind, können Sie das Blinzeln nach dem Ticken einer Uhr richten und gleichzeitig den Blick abwechselnd von links nach rechts gleiten lassen.

PRAXISÜBUNG NR 9

Bei dieser Übung handelt es sich um ein Sonnenbad für die Augen.

Setzen Sie sich am Anfang des Tages mit geschlossenen Augen einige Minuten lang in die Sonne. Schließen Sie die Lider, ganz leicht, ohne die Muskeln anzuspannen. Wenn Sie fühlen, dass Sie sich an die große Helligkeit gewöhnt haben, heben Sie das obere Lid eines Auges und sehen den Boden an. So wird das Sonnenlicht die Lederhaut bestrahlen. Entspannung erreichen Sie, wenn nötig, durch Blinzeln. (Tepperwein, K. (2002), S. 78)

WICHTIG: NIEMALS DIREKT IN DIE SONNE BLICKEN!

PRAXISÜBUNG NR 10

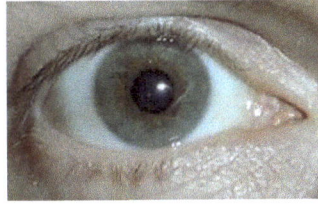

Entspannung der Augen – Für diese Übung müssen wir wissen: Die Pupille und der Ziliarmuskel ziehen die Adern zusammen und dehnen dabei die Venen des Auges. Dadurch wird das Kammerwasser erzeugt und ausgeschieden. Im Falle einer Augenerkrankung kann diese selbsttätige Regelung gestört sein. Sie sollten dies durch Übungen ausgleichen, um das Kammerwasser willentlich zu erzeugen und auszuscheiden.

Die Zufuhr von frischer Flüssigkeit und deren schnellen Ausscheidung haben einen besseren Zustand der darin badenden Gewebe zur Folge. Daraus kann geschlossen werden, dass diese Übung einen unschätzbaren Nutzen hat, wenn die Augenmuskeln zu schwach sind oder zu stark unter Spannung stehen.

Es ist bekannt, dass nach dem 50. Lebensjahr eine solche, zu starke Spannung des Auges häufig auftritt, und dass der allgemeine Nervositätszustand einen starken Einfluss auf diese Gleichgewichtsstörung ausübt.

Die Übung besteht darin – am besten vor dem Spiegel - die Pupillen abwechselnd zusammenzuziehen und zu erweitern. (Tepperwein, K. (2002), S. 79)

PRAXISÜBUNG NR 11

 Setzen Sie sich richtig hin. Bilden Sie mit den Händen Scheuklappen und ziehen Sie dann gegen einen leichten imaginären Widerstand die Hände nach außen, damit Sie allmählich immer breiter schauen. Spüren Sie, wie die Schläfen glatter und die Augen größer werden. (Hoekstra, E. (2010), S. 113)

PRAXISÜBUNG NR 12

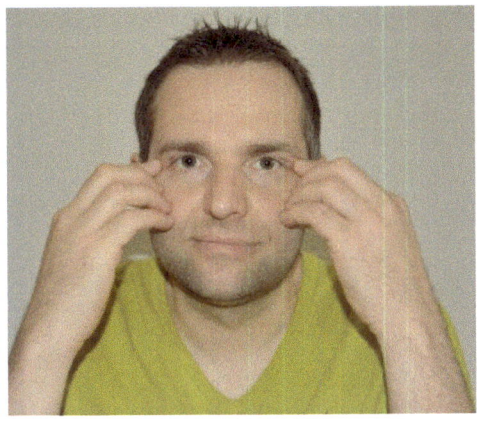

Legen Sie Ihre Finger ganz sanft auf die äußeren Augenwinkel und schieben Sie anschließend die Zeigefinger mit den Augenmuskeln ganz sanft nach innen. (Hoekstra, E. (2010), S. 114).

PRAXISÜBUNG NR 13

Öffnen Sie die Augen so weit wie möglich, ohne die Stirn in Falten zu ziehen. Fühlen Sie, wie Sie mit dieser Übung sogar die Ohren zur Seite ziehen. Lassen Sie die Bewegung zurückfließen. (Hoekstra, E. (2010), S. 114)

PRAXISÜBUNG NR 14

Zeichnen Sie im Gedanken mit beiden Augen eine 8 (Acht). Betonen Sie, dass es bei den Augenwinkeln nach oben geht, und in der Mitte bei der Nase nach unten. Setzen Sie die Übung flüssig fort. (Hoekstra, E. (2010), S. 114)

„Brechungsfehler, welche den Gebrauch von Brillen hervorrufen, sind zuerst im Geistes- und Seelenleben des Menschen vorhanden, ehe sie im Auge sind."

Dr. Schulz

5 Mentales, geistiges Augentraining

5.1 UNSERE AUGEN, DIE VERBINDUNG ZWISCHEN SEELE UND DER WELT

Unsere Augen sind bekanntlich, wie unsere Haut, der Spiegel der Seele. Unsere Augen zeigen alles, was sich in unserem Inneren abspielt. Strahlende Augen spiegeln Glück, Liebe und Harmonie wider. Trübe Augen zeigen Kummer, Trauer und Krankheit. Glanzlose Augen sind Ausdruck mangelnder Lebensfreude und Energie. Der Tod schließlich lässt unser Augenlicht erlöschen.

Hier sehen wir, dass unsere Augen weit mehr als alle anderen Sinnesorgane unsere Lebenseinstellung und -situation zeigen. Sie präsentieren unseren Gemützustand und unser Seelenleben. Das Auge ist die Verbindung zwischen unserem Inneren und der Welt und es zeigt, ob wir bereit sind, die Welt in uns aufzunehmen oder ob wir dazu neigen, unsere Augen vor der Welt zu verschließen.

An uns liegt es, mit welchem Blick wir in der Welt sehen, fröhlich und optimistisch oder ängstlich und böse. Es gibt lustige Augen, ja sogar lachende Augen, und es gibt vor Wut und Hass verdunkelte Augen und liebevolle Blicke.

In der Weise, in der wir unsere Umwelt wahrnehmen, wird sie sich uns darstellen. Das macht deutlich, dass Augenprobleme niemals reine Organprobleme sein können, sondern immer, und zwar im großen Maß, die Psyche miteinschließen. Nicht umsonst heißt es: „Mit Blindheit geschlagen sein", „Mir gehen die Augen auf", „Alles durch die rosa-rote Brille sehen", „Ein böser Blick".

Die Denkebene zeigt sich ebenfalls über den Blick: „Einsicht haben", „die Übersicht behalten", „Ansichten vertreten". Auch die Konzentrationsfähigkeit und das Erinnerungsvermögen stehen sehr eng mit dem Sehen in Verbindung. Über die Augen wird die Verbindung von Geist und Seele deutlich.

Jeder sieht anders und hat eine andere Sichtweise. Jeder einzelne nimmt die Dinge auf seine ganz persönliche Weise wahr. Es sind auch nicht die Augen selbst, die sehen, sondern wir sehen DURCH unsere Augen. WIR entscheiden, was wir sehen möchten, und das nehmen wir dann auch wahr. Nicht zufällig wird den Kurzsichtigen nachgesagt, dass sie Entfernteres und den Weitsichtigen, dass sie Naheliegendes nicht sehen. Unsere Persönlichkeit und unsere Sehfähigkeit sind sehr eng miteinander verknüpft. Wer Probleme mit den Augen hat, sollte immer eine ganzheitliche Lösung, wie sie in diesem Buch zu finden ist, anstreben. Nur ein harmonischer Ausgleich zwischen Geist und Seele im Zusammenspiel mit dem Auge macht ein Sehen ohne „Seh-Hilfe" möglich.

Gerade heutzutage führen negativer Stress, Existenzprobleme und berufliche oder schulische Überlastung zu Verkrampfungen im ganzen Körper. Davon sind auch die Augenmuskeln betroffen. Sie sind durch äußere oder seelische Belastungen verspannt oder zu stark angespannt. Die Veränderung der Sehschärfe geht immer mit der Veränderung des Bewusstseins einher. Es ist ein schmerzlicher Prozess, wenn die Sehstärke nachlässt. Es ist aber auch ein schmerzhafter Prozess, Sehschwäche wieder abzubauen.

Dieser Vorgang bedeutet eine Auseinandersetzung mit verdrängten Problemen sowie die Akzeptanz der eigenen Persönlichkeit, um neue, möglicherweise unliebsame Erkenntnisse über das eigene Verhalten zu erhalten.

Wer jedoch bereit ist, all dies auf sich zu nehmen, der wird nicht nur eine optische Verbesserung, sondern auch eine positive Veränderung seiner Lebensumstände bemerken. Alte, verhärtete Strukturen können gelöst werden und neue Wege öffnen sich.

Das Training der Sehfähigkeit kann so zu einer spannenden Abenteuerreise zu sich selbst werden, ein gutes Stück Selbstheilung. (Tepperwein, K. (2002), S. 15)

5.2 AUGENKRANKHEITEN IN DER SPRACHE DER ORGANE

Augenprobleme treten immer auf der körperlichen (physischen) Ebene in Erscheinung. Angefangen von einer leichten Kurzsichtigkeit bis hin zur völligen Erblindung. Hier ist der Augenarzt gefragt, der Fachmann auf dieser körperlichen Ebene. Er erkennt die sichtbaren Erkrankungen und diagnostiziert sie entsprechend. Er versucht durch Sehhilfen oder operative Eingriffe den Schaden organisch oder optisch zu korrigieren. Auf der emotionalen Ebene deuten Augenprobleme auf emotionale Blockaden und Ängste hin. Ein psychischer Konflikt, eine starke Angst, setzt sich so fest, dass sie auch auf physischer Ebene als Augenproblem in Erscheinung tritt. Bei emotionalen Blockaden stellen wir uns nicht dem Konflikt, sondern „wenden die Augen ab", „verschließen die Augen", verdrängen das Problem und werden „realitätsblind". Dieses Verdrängen ist immer ein Selbstschutz, da der Konflikt zu groß zu sein scheint, als dass er wirklich gelöst werden könnte.

5.3 Redewendungen rund ums Auge

Achten Sie einmal BEWUSST darauf, welche Redewendungen Sie benutzen, wenn es um die Augen beziehungsweise um den klaren Blick geht. Verwenden Sie manchmal folgende Redewendungen?

- **Ich traue meinen Augen nicht!**
  Habe ich so wenig Selbstvertrauen, dass ich nicht einmal meinen eigenen Augen traue?
- **Das springt mir sofort ins Auge!**
  Dann müssen Sie es schließen.
- **Das ging jetzt aber ins Auge!**
  Davon halte ich mich in Zukunft fern.
- **Da bin ich noch einmal mit einem blauen Auge davon gekommen!**
  Das Problem ging zwar nicht ins Auge, aber rund herum leidet alles.
- **Hast du keine Augen im Kopf, bist du ein blindes Huhn?**
  Auch dieser Spruch diskriminiert das klare Sehen.
- **Hier fehlt mir der Durchblick/der Überblick!**
  Scheinbar auch eine Form der Blindheit.
- **Den Blick abwenden.**
  Es nicht ertragen können, weil es zu sehr schmerzt.
- **Sieh mir in die Augen, wenn ich mit dir spreche!**
  Ein Ausspruch von Eltern, da sie spüren, dass die Augen etwas verbergen. So wird der Blick in die Augen auch zu einem Machtinstrument.
  Linkes und rechtes Auge haben auf emotionaler Ebene eine unterschiedliche Bedeutung. Halten Sie einmal ein Auge zu, und sehen Sie sich nur mit einem Auge einmal ein paar Minuten ins Gemüt. Wechseln Sie das Auge und nehmen Sie den Unterschied wahr.

Oft lösen sich hierbei ganze Tränenbäche. Der Blick in die eigene Seele ist am Anfang oft schwer ertragbar. Das linke Auge symbolisiert eher das Innere, unser weibliches Schema, das rechte Auge eher die Einstellung zur Umwelt, also zu unserem männlichen Schema.

- **Lernen Sie, sich selber ins Auge zu schauen.**
Stellen Sie sich vor dem Spiegel, und schauen Sie sich ins rechte Auge. Wenn Sie dies ein paar Minuten schaffen, nehmen Sie das andere Auge. Das geht dann noch tiefer.

Auf mental geistiger Ebene sagen uns Augenprobleme, dass wir der nahen und fernen Realität endlich ins Auge sehen sollen; Träumereien ablegen und unsere Träume endlich auch verwirklichen sollen.

Wir sollten im Umgang mit anderen Menschen lernen, ihnen „auf Augenhöhe" (ohne Minderwertigkeitskomplexe) „in die Augen zu sehen." (unsere Ansicht klar und offen mitteilen)

Es könnte auch wichtig sein, geistigen Starrsinn (Dogmatismus, Ideologiegläubigkeit) zu überwinden und die Welt nicht durch eine „dogmatische Brille" zu sehen, sondern der Wirklichkeit „klar ins Auge zu blicken".

Entspanntes Sehen bedarf auch geistiger Flexibilität. Nehmen Sie nicht alles so ernst, sondern nehmen Sie das Leben einmal auf die leichte Schulter.

Auf seelisch-spiritueller Ebene deuten Augenprobleme auf eine Entfremdung sich selbst gegenüber hin. Stehen „leere Augen" auch für eine „innere Leere"? Geht die Suche nach dem Sinn ins Leere?

Sind Augenprobleme Ausdruck eines „nach innen gekehrten Seins" (introvertiert), ohne jedoch den Kontakt zur Seele schon gefunden zu haben?

Auf seelisch-spiritueller Ebene sollten wir auch lernen, „mit dem Herzen zu sehen". So bekommen auch unsere Augen einen ganz anderen Blick; werden weicher, liebevoller, leuchtender.

5.4 MÖGLICHE GEISTIGE SEELISCHE BEDEUTUNG BEI DEN GÄNGIGSTEN AUGENPROBLEMEN:

- **Hoher Augendruck:** Wo stehe ich durch meine Ansicht unter Druck? Was unterdrücke ich?
- **Augenblutungen:** Wo wird durch meine Wahrnehmung mein Wesen verletzt?
- **Bindehautentzündung:** Mangelnde Bereitschaft, einen (aktuellen) Konflikt anzusehen, Überforderung, nicht einverstanden sein.
- **Blindheit:** Aufforderung, die „geistig-spirituelle Sicht" zu stärken, die Wirklichkeit mit dem „inneren Auge" zu erfassen.
- **Kurzsichtigkeit:** Angst vor der Außenwelt, Leistungsdruck, Stress, fehlende Weitsicht, die Hemmung, Angst und Aggressionen frei zu äußern.
- **Nachtblindheit:** Aufforderung, die eigene Sicht der Dinge zu ändern, die Augen für alle Dinge des Lebens zu öffnen, die Dinge in einem anderen Licht zu sehen.
- **Schielen:** Aufforderung, geistig flexibler zu werden, die Wirklichkeit hinter dem Schein zu erkennen, die Dinge richtig einzuordnen.
- **Grauer Star:** Störung des Stoffwechsels, geistig-seelischer Bewegungsmangel, erstarrte Ansicht, Aufforderung mehr Anteil zu nehmen und zu geben.

- **Grüner Star:** Innerer Druck durch Gefühlsblockaden, tiefsitzende Depression, ungelöste und unterdrückte Aufgabe, fehlende Entspannung.
- **Weitsichtigkeit:** Zurückgehaltene Wut und Ärger, die nicht geäußert werden. Neigung, ständig über etwas „hinwegsehen" zu müssen. Verhärtung in der geistig-seelischen Haltung. (Tepperwein, K. (2002), S. 39)

5.5 Affirmationen

Affirmationen beeinflussen unser Unterbewusstsein positiv und tragen somit zur Augengesundheit bei. Am **besten sprechen Sie die Affirmationen laut, langsam sowie deutlich und bleiben Sie dabei in einem positiven Gefühl der Dankbarkeit.**

Bevor Sie sich nun zu einer Abenteuerreise zu sich selbst zurückziehen, möchte ich Sie noch einmal darauf aufmerksam machen, dass der Besuch eines Arztes bei jeder Sehstörung notwendig ist und die Arbeit mit Affirmationen keinen Arztbesuch ersetzen können.

Nun viel Erfolg und Freude mit den Affirmationen: (Tepperwein, K. (2002), S. 81-101)

5.5.1 Affirmationen zur Vorbeugung von Augen-krankheiten

Meine Augen spiegeln das Schöne, das Wahre und Gute wider. Ich bin dankbar für ein klares Sehen und ein Erkennen der Einheit in der Vielfalt.

✿ ✿ ✿

Ich bin mir vollkommen bewusst, dass ich alles klar sehe, was ich sehen kann.

✿ ✿ ✿

Ich liebe meine Augen und ich bin dankbar dafür, dass sie mir den Blick in die Welt, in das Leben schenken. Durch meine Augen nehme ich alles Schöne wahr.

✿ ✿ ✿

Ich weiß, dass das Geheimnis für ein erfülltes und glückliches Leben in der Harmonie liegt.

✿ ✿ ✿

Meine Augen können am besten sehen, wenn ich Ruhe, Kraft und Stille in mir fühle. Dann werden alle Muskeln locker, meine Augen sind entspannt und bereit, alles wahrzunehmen.

✿ ✿ ✿

Ich lege meine Hände locker auf meine Augen, sodass sie ganz bedeckt und somit geschützt sind. Ich spüre, wie diese wunderbare Entspannung von meinen Augen auf meinen ganzen Körper übergeht. Ich atme ruhig und gleichmäßig, nehme mit jedem neuen Atemzug positive Energie auf, die meinen Körper durchströmt.

Mein Blick ist klar und offen, ich erhalte Durch-Blick und gewinne Ein-Sichten. Meine Augen zeigen meine innere Einstellung, sie strahlen und leuchten.

✿ ✿ ✿

Meine positive Lebenseinstellung ist ansteckend. Jeder Mensch, den ich anlächle, wird davon berührt.

✿ ✿ ✿

Ich bin erfüllt von innerer Harmonie, öffne meine Augen für alles Schöne und Positive. Diese Bilder dringen über meine Augen tief in meine Seele. Frieden ist in mir.

✿ ✿ ✿

Meine Augen sind gesund und klar. Jeden Tag pflege ich sie mit Liebe und Sorgfalt, indem ich ihnen gebe, was sie brauchen: Entspannung, wunderbare Anblicke, Liebe.

✿ ✿ ✿

Ich freue mich über das goldene Sonnenlicht, das Heilungsenergien weckt. Meine Augen folgen dem Weg des Lichtes. Meine Augen sind Ausdruck meiner Seele und Kanal für alles Schöne. Ich öffne meine Augen, blinzle in den Tag, lächle in die Zukunft. Ich bin Liebe und Harmonie.

5.5.2 Affirmationen für spirituelles Sehen

Ich weiß, dass meine Sehkraft ewig ist. Meine Augen sind Ausdruck göttlicher Energie. Ich bin Energie.

✿ ✿ ✿

Mit meinen Augen sehe ich die Wahrheit. Ich liebe die Wahrheit. Wahrheit durchdringt mich. In der Wahrheit liegt die Erfüllung. Meine Augen helfen mir, diese Wahrheit zu sehen und zu erkennen.

✿ ✿ ✿

Ich sehe das Schöne in jedem Menschen. Ich sehe spirituell, mental, und physisch hervorragend. Meine Augen drücken die Schönheit und das Wahre der göttlichen Kraft aus.

✿ ✿ ✿

Meine Augen sind die Fenster meiner Seele. Sie sind offen für alles Konstruktive und Positive.

✿ ✿ ✿

Ich folge dem hellen, weißen Licht der Erleuchtung, meine Zellen, mein Körper und alle meine Sinne sind durchdrungen von diesem Licht.

✿ ✿ ✿

Das reine Licht durchflutet mein ganzes Sein und hebt mich höher in die geistigen Ebenen.

✿ ✿ ✿

Ich blicke durch meine Augen, sie sind klar, hell und leuchtend. Mein gesamtes Denken und Handeln ist auf Wahrheit und Harmonie konzentriert. An meinen Augen ist meine Einstellung zu erkennen.

Ich danke der göttlichen Kraft für dieses Geschenk, das ich immer sanft pflege. Ich bin mit allem „Eins" und sehe mit den Augen der inneren Lichtquelle: Ich sehe das Schöne und Wahre. Ich bin Liebe und Harmonie.

5.5.3 Affirmationen gegen Bindehautentzündung

Meine Augen schenken mir Freude, um das Licht in mir zu erkennen. Meine Augen lassen mich alles Wunderbare und Schöne sehen. Ich liebe meine Augen, und ich gehe liebevoll mit ihnen um.

✧ ✧ ✧

Ich übe regelmäßig Entspannung, gebe meinen Augen Sonnenlicht und frische Luft. Ich lasse meinen Blick in die Ferne schweifen, und meine Augen stellen sich auf naheliegendes ein. Der Blick in die Natur, ins Grüne, der Blick über das Meer tut ihnen gut. Ich nehme die Bilder, die meine Augen mir übermitteln, in meine Seele auf und behüte sie dort.

✧ ✧ ✧

Mehrmals am Tag schließe ich meine Augen und lasse diese inneren Bilder an mir vorbeiziehen. Ruhe und Harmonie breiten sich in mir aus.

✧ ✧ ✧

Meine Augen fühlen sich wohl und sind fit, sind voller Freude auf den nächsten Anblick. Ich liebe die Gegenwart und freue mich auf die Zukunft. Meine Augen sehen mit Interesse, was der Augenblick bringt und blicken mit Vorfreude in den neuen Tag.

✧ ✧ ✧

Ich werde geleitet von meinem höheren Selbst. Ich ruhe in meiner Mitte, bin geborgen und fühle mich frei und sicher.

Ich gewinne jeden Tag neue Einsichten. Aus diesem Wissen heraus kann ich jede Aufgabe lösen und kann mit offenen Augen durch die Welt gehen.

✿ ✿ ✿

Ich erkenne das wahre Leben, das hinter den Äußerlichkeiten zu finden ist. Ich erfreue mich an den schönen Dingen, die meine Augen erblicken.

✿ ✿ ✿

Meine Augen sind fit, klar und bereit, alles Sehenswerte zu sehen.

5.5.4 Affirmationen gegen den grünen Star

Ich atme ruhig und tief, schließe meine Augen und entspanne mich. Ich entspanne alle Muskeln, Nerven und Zellen. Ich werde ganz leicht und gelöst. Ich spüre, wie mein Atem durch meinen Körper fließt. Ich werde ganz frei.

✧✧✧

Meine Augen entspannen sich, alle Muskelanspannung lässt nach. Ich spüre ein wohltuendes Gefühl in meinem Körper. Mein Kopf ist frei, ich lasse alle meine Gedanken los, lasse sie davonfliegen. Nichts ist mehr wichtig. Ich lasse die Anspannung in meinem Inneren los.

✧✧✧

Der Druck im Inneren meines Auges wird leichter. Ich lasse los. Ein wohltuendes Gefühl des freien Schwebens breitet sich in mir aus. Bei jedem Atemzug spüre ich, wie ich freier und freier werde.

✧✧✧

Ich atme Energie und göttliche Kraft ein.

✧✧✧

Ich atme aus, was sich in mir festgesetzt hat. Der Druck lässt nach. Der Druck lässt nach, bis er ganz verschwindet.

✧✧✧

Ich spüre, wie ich durch meine Augen lebe. Meine Augen lassen mich an dem Geschehen in der Welt teilhaben. Sie sind Kristalle, die strahlen und leuchten.

Ich öffne mein Herz für das Schöne, für die Liebe, für Frieden. Alles löst sich in Liebe und Harmonie auf, positive Energie durchströmt mich, Heilungsenergie wird immer stärker. Durch meine Augen sehe ich die Klarheit des Lebens, auf meine Kraft kann ich vertrauen. Ich blicke nach innen und sehe ein helles Licht, dem ich folgen will. Dieses Licht strahlt durch meine Augen.

5.5.5 Affirmationen gegen den grauen Star

Ich atme tief und gleichmäßig. Ich entspanne mich und finde zu innerer Ruhe. Ich entscheide mich für einen freien Blick, für klare Augen und für Gesundheit.

✿ ✿ ✿

Ich regeneriere meine Augen, indem ich meine Vergangenheit in Liebe loslasse: Ich löse mich von alten Gedanken, Erfahrungen und Eindrücken, ich löse Spannungen in meinem Körper auf und lasse Ablagerungen und Schlacken los. Ich spüre, wie ich leichter und leichter werde. Ich bin gesund, mein Blick ist klar und frei.

✿ ✿ ✿

Ich nehme die geistigen Gesetze an, ich sorge für Harmonie und Liebe in meinem Leben. Konsequenz dieser positiven Einstellung ist Klarheit und Frieden. Ich strahle alles Helle aus, meine Augen sind so klar wie mein Denken.

✿ ✿ ✿

Ich lasse meine alte Haut zurück und gehe mit einem neuen geistigen Kleid in die Zukunft.

✿ ✿ ✿

Die Heilungsenergien verstärken sich und bringen mich jeden Tag einen Schritt näher an mein Ziel: Vollkommene Gesundheit und ein klarer Blick.

5.5.6 Affirmationen für den klaren Blick bei Weitsichtigkeit

Ich bin entspannt im Hier und Jetzt. Ich atme gleichmäßig und tief. Mit jedem Atemzug nehme ich göttliche Heilungsenergie auf, die meinen Körper von Kopf bis Fuß durchströmt.

Ich lasse alles los, was meinen Blick beeinträchtigt. Ich sehe gut in die Ferne, und ich sehe alles klar und deutlich in meiner Nähe.

Ich lebe im Heute, nehme die Gegenwart, den Augenblick wahr. Ich sehe in jedem Moment, in jedem Blick die positiven Aspekte. Ich werde vom Glück erfüllt.

Das Naheliegende entsteht immer deutlicher vor meinen Augen, wunderbare Perspektiven eröffnen sich mir.

Ich bin von Kraft erfüllt und weiß, dass ich immer eine Lösung finde, dass ich jede Aufgabe meistere. Ich freue mich auf den nächsten Augenblick.

Mein Geist ist frei, meine Augen sind Werkzeuge des Geistes. Ich freue mich über die neuen Dimensionen, die ich erkenne und sage laut und deutlich JA zu mir.

5.5.7 Affirmationen für die klare Sicht bei Kurzsichtigkeit

Ich ruhe in mir, bin Frieden und Harmonie. Ich spüre meine eigene Kraft, spüre, wie die höhere Macht mich lenkt und behütet. Ich schöpfe aus diesem Wissen.

Ich bin frei und sicher. Ich öffne meine Augen und blicke mit Interesse und Freude in die Ferne, in den Morgen, in die Zukunft.

Ich bin stark. Ich weiß, dass ich jede Aufgabe bestens lösen kann.

Mein Blick wird frei, und ich kann in die Ferne sehen, kann am Horizont ein helles Licht erkennen, das mich lenkt und leitet. Dieses Licht ist ein göttliches Licht. Es enthält Energien, Heilungsenergien und positive Kraft. Ich folge diesem Licht.

Ich kann meine Augen weit öffnen, ich sehe mehr und mehr, sehe Schönes. Neue Perspektiven eröffnen sich mir, ich gehe kraftvoll in die Zukunft.

5.5.8 Affirmationen für strapazierte "Büro-, Handy- und Fernseh-Augen"

Ich schließe die Augen, atme ruhig und gleichmäßig. Vor meinen Augen entsteht eine wunderbare Landschaft. Ich sehe eine grüne Wiese, im Hintergrund einen Wald, und ganz weit hinten, in der Ferne, kann ich die Berge erkennen. Ich lasse dieses Bild auf mich wirken und spüre, wie die Stille und Ruhe der Natur, die beruhigenden Farben der Wiese und der Berge in mir Harmonie entstehen lassen.

✧ ✧ ✧

Meine Augen werden ganz leicht. Ich spüre, wie alle Anspannung von mir fällt, meine Augen fühlen sich gut an. Sie sind klar und leuchtend. Ich öffne die Augen und kann deutlich und ohne Anstrengungen alles in der Ferne und in der Nähe erkennen. Ich suche mir einen schönen Anblick in meiner Nähe (z.B.: einen Blumenstrauß). Ich konzentriere meinen Blick auf die Blumen, lasse meine Gedanken los. Ich sehe die Blumen im Garten wachsen oder auf einer Wiese stehen.

✧ ✧ ✧

Ich stelle mir vor, dass ich die Blumen in Ihrer natürlichen Umgebung betrachte. Gelassenheit und Freude breiten sich in mir aus. Mein Blick wird frei und löst sich von Anspannung. Ich schließe die Augen und lasse dieses Bild auf mich wirken. Ich atme ruhig und fühle, wie ich leicht werde, wie meine Augen, die gesamte Muskulatur um die Augen, meine Augenlider und meine Stirn völlig locker und gelöst sind. Ich genieße dieses wunderbare Gefühl.

Meine Augen schöpfen Kraft aus diesen Momenten. Sie freuen sich auf die bevorstehende Arbeit. Meine Kraftreserven werden immer größer und größer. Ruhe und Gelassenheit strahlen aus meinen Augen.

✧ ✧ ✧

Meine Augen sind beweglich, können sich auf alle Distanzen schnell einstellen, mein Geist ist ebenso flexibel, er stellt sich schnell auf neue Situationen ein. Mit Dynamik und Freude gehe ich an meine Arbeit.

5.5.9 Affirmationen gegen Schielen

Ich bin ruhig und entspannt.

✿ ✿ ✿

Ich mache mir bewusst, dass ich zwei wunderbare Augen habe. Wenn ich sie beide bewusst verwende, dann kann ich mein Blickfeld vergrößern und mein rechtes /linkes Auge entlasten. Ich konzentriere mich auf mein rechtes/linkes Auge und folge nun in Gedanken einer Schlangenlinie.

✿ ✿ ✿

Ich achte darauf, dass sich beide Augen gleichzeitig auf diese Linie konzentrieren und das Bild aufnehmen. Ich entspanne mich. Ich weiß, dass ich zwei gesunde Augen habe.

✿ ✿ ✿

Ich aktiviere mein rechtes/linkes Auge, damit es die ihm zustehende Aufgabe mit übernehmen kann.

✿ ✿ ✿

Ich möchte alles Schöne und Wunderbare auf dieser Welt ganz genau und klar sehen. Meine Augen sind ein wunderbarer Wahrnehmungssender und Empfänger.

✿ ✿ ✿

Ich sorge für meine Augen. Ich liebe meine Augen. Meine Augen können sich koordinieren.

✿ ✿ ✿

Ein einziges Bild wird klarer und deutlicher. Alles ist möglich. Ich glaube an mich und an die Sehkraft meiner gesunden Augen.

Zur Einstimmung auf das nächste Kapitel etwas zum Schmunzeln:

„Woran erkennt man, dass Karotten gut für die Augen sind"?
„Ist doch klar: Haben Sie schon einmal einen Hasen mit Brille gesehen"?

6 Ernährung für die Augen

Heutzutage ist vielen das Verständnis für eine gesunde Ernährung abhanden gekommen. Wir essen nicht mehr, um unseren Körper gesund und fit zu erhalten. Wir essen aus Freude am Essen. Die Nahrungsmittel werden durch die chemischen Zusätze der „Lebensmittelindustrie" immer unnatürlicher. Die Folgen sind deutlich in den überfüllten Wartezimmern der Ärzte zu sehen. Aus unnatürlicher Ernährung entstehen hauptsächlich die Zivilisationskrankheiten.

Gesunde Augen brauchen eine gesunde Nahrung und wirkliche LEBENSmittel. Das heißt: Essen Sie viele frische Lebensmittel, meiden Sie Zucker, weißes Mehl, Fleisch, und industriell hergestellte Nahrungsmittel. Unser Körper hat große Schwierigkeiten, derartige Produkte richtig zu verarbeiten.

Durch eine gesunde Ernährung mit viel frischem Obst, Gemüse und Kräutern (möglichst natürlich zubereitet, um die Mineralstoffe, Spurenelemente und Vitamine zu erhalten) bleiben Sie nicht nur körperlich, sondern auch geistig leistungsfähig. (Tepperwein, K. (2002), S. 58)

Obst, Gemüse und Kräuter enthalten viel gespeichertes Sonnenlicht, das auch für das Augenlicht sehr wichtig ist.

Folgende Vitamine und Lebensmittel möchte ich für die Gesundheit der Augen besonders erwähnen:

6.1 VITAMIN A: DAS AUGENVITAMIN

Vitamine sind lebenswichtige Stoffe, die der Körper nicht selber produzieren kann und daher mit der Nahrung aufgenommen werden müssen. (Ausnahme Vitamin D) (Sabrina Mihlan (2016) Online Ressource, Franz Enzenhofer (2019) Online Ressource)

Vitamin A ist enthalten in

- Brokkoli
- Karotten
- Paprika
- Spinat
- Basilikum
- Kresse
- Rosmarin
- Dill
- Liebstöckel
- Rote Rüben
- Fenchel

6.2 VITAMIN C UND E

Vitamin C und E sind enthalten in

- Knoblauch
- Petersilie
- Zitrusfrüchte
- Tomaten
- Kiwis
- Schwarze Johannisbeeren

6.3 OMEGA 3 FETTSÄUREN

Omega 3 Fettsäuren sind enthalten in

- Leinöl
- Walnussöl

7 Angeborene Sehfehler

Hier fordert uns das Leben auf, die Krankheit auszuleben und anzunehmen und eine Lösung für das betreffende Thema zu finden.

8 Weitere Tipps für gesunde Augen und besseres Sehen

Es gibt viele Wege, jedoch nur ein Ziel. Ich zeige Ihnen hier verschiedene Möglichkeiten, Ihre Sehfähigkeit zu erhalten, zu stärken oder unter Umständen sogar Augenfehler zu beheben. Bevor Sie jedoch bei Erkrankungen des Auges zur Eigenbehandlung schreiten, sollten Sie auf JEDEN FALL einen Arzt zu Rate ziehen.

8.1 MENTALE/GEISTIGE ENTSPANNUNG

Dr. William H. Bates vertrat bereits vor über hundert Jahren die Meinung, dass ein enger Zusammenhang zwischen Körper und Seele bestehe. Er war davon überzeugt, dass die meisten Sehstörungen durch eine falsche Sehtechnik und durch Anspannung und Überanstrengung der Augenmuskeln verursacht werden. Er entwickelte deshalb die bekannte Bates-Technik, deren Ziel es ist, innere und äußere Spannungen abzubauen.

Hier einige seiner Grundsätze:

1. Mangelhaftes Sehen ist die Folge angestrengten Sehens.
2. Angestrengtes Sehen bedeutet immer eine Anspannung des Geistes.

3. Richtiges Sehen ist nur aus der Entspannung heraus möglich.

4. Wir können nur das sehen, was wir uns vorstellen können. (Tepperwein, K. (2002), S. 55)

Daher ist ein entspannter Geist sehr wichtig für die Augen. Sie können Ihre eigene Lieblingsmethode durchführen (Yoga, Rosenkranz beten oder Waldspaziergang) oder Sie probieren meine wundersame Leo-Meditation, die ich Ihnen sehr empfehle:

Wundersame Leo-Meditation

Die Leo Meditation umfasst die wirkungsvollsten Strategien, um zu wahrem, innerem Glück, inneren Frieden zu kommen und die Selbstheilungskräfte zu stärken bzw. zu aktivieren.

Sie setzt sich aus Gebet, mentalen Techniken und körperlichen Übungen zusammen.

WICHTIG: Bleiben Sie während der gesamten Meditation im Gefühl der Dankbarkeit!

Schritt 1 – Vater unser

Zur Einleitung beten Sie langsam und voller Achtsamkeit ein christliches Vater unser, mit allen Sinnen (fühlen, riechen, spüren, hören, sehen):

Vater unser im Himmel, geheiligt werde dein Name, dein Reich komme, dein Wille geschehe, wie im Himmel so auch auf Erden. Unser tägliches Brot gib uns heute, (z.B.: das Brot fühlen und riechen) und vergib uns unsere Schuld, wie auch wir vergeben unseren Schuldigern, und führe uns nicht in Versuchung, sondern erlöse uns von dem Bösen, denn dein ist das Reich und die Kraft und die Herrlichkeit in Ewigkeit. Amen.

Schritt 2 – Heilgebet – wirksames Gebet

„Allmächtiger guter Gott, ich bete und bitte darum, dass all meine bekannten und unbewussten negativen Bilder, unvorteilhaften Glaubenssätze, destruktive Zellerinnerungen, destruktive energetische Schwingungen, dass all meine seelischen Belastungen, Ängste, Sorgen, Nöte und_____ (weiteres seelisches Problem oder Mangel wenn vorhanden), und meine körperlichen Beeinträchtigungen, in Form von _____, (meine körperlichen (Augen-) Krankheiten, Probleme oder Leiden).

Dass dies alles gefunden und geheilt werde, indem mich das Licht und die Liebe Gottes erfüllen.

Geben Sie dabei Ihre Hände auseinander und visualisieren Sie bei geschlossenen Augen einen warmen Lichtstrahl, der von Ihren Händen aus in den Himmel zur Sonne verläuft. Visualisieren Sie mindestens eine Minute den Lichtstrahl. (Siehe dazu Bild 1)

Bild 1: Visualisierung des Lichtstrahles

Anschließend stellen Sie sich vor, wie Sie von einem hellen Schutzkreis umgeben sind, wo nichts Negatives eindringen kann.

Visualisieren Sie den Schutzkreis auch über z.B.: Ihr Auto, Ihr Haus, Bankkonto, Aktiendepot, Kinder, Ehefrau, Ehemann, kranken Mitmenschen, Arbeitsplatz …, über alles, was Ihnen lieb ist. (auch mindestens eine Minute.)

Schritt 3- Chakra Meditation

Chakren sind die Energiezentren im Körper. Hierbei lenken wir die Aufmerksamkeit auf unseren Körper, aktivieren die Chakren und üben Achtsamkeit.

Bündeln Sie die Finger Ihrer Hände und halten diese mindestens 30 Sekunden in einem Abstand von ca. 5-10 Zentimetern in der Reihenfolge Chakra 6 bis 3.

6. Chakra – Stirn Chakra: Nach mindestens 30 Sekunden gebündelten Fingern bei der Stirn legen Sie beide Hände auf die Stirn und machen somit eine Handauflegung für mindestens 30 Sekunden. (Siehe dazu Bild 2)

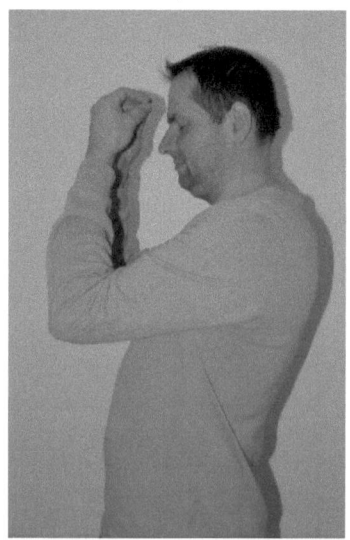

Bild 2: Handauflegung für das Stirn-Chakra

5. Chakra – Kehlkopf Chakra: Nach mindestens 30 Sekunden gebündelten Fingern beim Kehlkopf legen Sie beide Hände auf den Hals und machen Sie eine Handauflegung für mindestens 30 Sekunden.

4. Chakra – Herz Chakra: Nach mindestens 30 Sekunden gebündelten Fingern in der Herz Region, legen Sie beide Hände auf Ihr Herz und machen Sie eine Handauflegung für mindestens 30 Sekunden.

3. Chakra – Solarplexus Chakra - Bauchnabel: Nach mindestens 30 Sekunden gebündelten Fingern beim Bauchnabel legen Sie beide Hände auf den Bauchnabel und machen Sie eine Handauflegung für mindestens 30 Sekunden.

Zum Abschluss machen Sie eine mentale Wanderung durch Ihren Körper. Beginnen Sie bei Ihren Zehen und spüren Sie alle Glieder in Ihrem Körper im Geiste physisch durch.

Anschließend beobachten Sie noch Ihren Atem und machen Sie sich bewusst: „Dieser eine Atemzug ist mein ganzes Leben".

Zusammenfassung der Leo-Meditation:

1. Langsam mit allen Sinnen das Vater unser beten.
2. Heilgebet, um alle körperlichen und seelischen Belastungen loszulassen.
3. Mentale Heilübungen (Schutzkreis und warmer Lichtstrahl).
4. Chakren aktivieren, dabei BEMUPO Training machen.
5. Körperwanderung mit allen Sinnen

8.2 Ausreichend Wasser trinken

Trinken Sie täglich mindestens sechs bis acht Gläser (0,25 Liter Glasinhalt) frisches Leitungswasser.

8.3 Akupressur

Akupressur ist eine so genannte Punktmassage, die hilft, Verspannungen zu lösen und Schmerzen zu lindern. Eine ärztliche Diagnose ist die Grundlage für diesen Weg.

8.4 Akupunktur

Der Grundgedanke der Akupunktur basiert darauf, dass sich eine vitale Energie in bestimmten Bahnen, den Meridianen, durch den Körper bewegt. Der Energiefluss wird durch entsprechende äußere Reize, etwa mit Nadeln, beeinflusst. Auch bei Sehproblemen ist die Akupunktur ein möglicher Lösungsweg, der an der Ursache ansetzt. Wo auch immer Blockaden vorliegen, zuerst im seelischen Bereich, die sich dann auch körperlich zeigen, ist eine Akupunkturbehandlung sinnvoll, um den Energiefluss wieder zum Laufen zu bringen. (Tepperwein, K. (2002), S. 50)

8.5 Sport und körperliche Bewegung

Sportliche Betätigung ist für unseren gesamten Körper sehr wichtig, auch wenn es nur zehn Minuten am Tag sind. Suchen Sie sich eine Sportart, die Ihnen Spaß macht.

8.6 Gymnastik für den Nacken

Prüfen Sie die Beweglichkeit Ihres Kopfes. Können Sie Ihn leicht nach links und rechts drehen? Können Sie beschwerdefrei mit dem Kopf nicken? Drehen Sie Ihren Kopf ganz langsam von links nach rechts und senken Sie den Kopf, lassen Sie Ihn leicht kreisen. Halten Sie den Kopf gerade und „zeichnen" Sie mit Ihrer Nase ganz langsam eine kleine, unsichtbare ACHT. Alle Bewegungen sollen ohne Kraft und Anstrengungen ausgeführt werden. Haben Sie dabei extreme Schwierigkeiten, sollten Sie einen Arzt aufsuchen, um die Ursache herauszufinden.

Wenn keine Entzündungen, Verletzungen oder Tumore vorliegen, dann kann ein erfahrener Chiropraktiker verlagerte Wirbel wieder begradigen. Je nach Ursache kann auch eine Physiotherapie oder Massage zur Heilung führen.

Als Jesus weiterging, folgten ihm zwei Blinde und schrien: „Hab Erbarmen mit uns, Sohn Davids".

Nachdem er ins Haus gegangen war, kamen die Blinden zu ihm. Er sagte zu ihnen: „Glaubt ihr, dass ich euch helfen kann"? Sie antworteten: „Ja, Herr".

Darauf berührte er ihre Augen und sagte: „Wie ihr geglaubt habt, so soll es geschehen."

Da wurden ihre Augen geöffnet.

Matthäus 9,27 – 9,3

8.7 Positives Denken

Solange Sie in alten Mustern denken, werden Sie nichts Neues sehen. Wenn Sie glauben, dass Sie ohne Brille nicht lesen können, dann werden Sie natürlich eine Brille benötigen. Wenn Sie es nicht für möglich halten, dass auch Sie ohne Brille sehen können, dann werden Sie wohl immer Ihre Brille benötigen.

Haben Sie aber die Zusammenhänge zwischen Körper, Geist und Seele erkannt, dann können Sie an sich arbeiten. Sie können Ihre Einstellung sowie sIhr Denken ändern, und Ihre Umstände – sprich Ihre Augen – werden sich ebenfalls verändern. Ihre Seh-Krücken können Sie dann beruhigt zur Seite legen, denn Sie benötigen Sie nicht mehr!

Denken Sie sich gesund, stellen Sie sich vor, dass Sie jeden Tag einen kleinen Fortschritt machen. Mit dem Grad Ihrer Erkenntnisse wird sich Ihr Blickfeld erweitern. Sie werden vieles in Ihrem Leben bewusster wahrnehmen. Einiges ist Ihnen vielleicht bisher entgangen, weil Sie sich auf Hilfsmittel gestützt haben. Jetzt können Sie frei werden; können das Leben mit all seinen wunderbaren Dimensionen genießen! Sie haben jetzt genügend Wissen, um eine weitreichende Entscheidung zu treffen, nämlich:

ICH WERDE BESSER SEHEN. Eine Veränderung ist nur möglich, wenn Sie etwas verändern.

Ich habe Ihnen Möglichkeiten gezeigt, Ihre Sehkraft zu stärken, indem Sie sich für eine ganzheitliche Behandlung entschließen. Körper, Geist und Seele müssen sich maßgeblich an Ihrem Heilungsprozess beteiligen.

Sie sollten verinnerlichen, dass Sie selbst für Ihr Leben verantwortlich sind und Ihnen nur das widerfährt, was Sie selbst verursachen. Setzen Sie positive Ursachen; dann folgen positive Wirkungen. Eine außerordentliche Kraft haben dabei unsere Gedanken.

Wenn Sie sich überwiegend mit dem Thema Gesundheit befassen, dann werden Sie Gesundheit in Ihr Leben ziehen. Ihr Unterbewusstsein tut alles, um Ihre Gedanken zu realisieren. Denken Sie jedoch ständig über Ihre Sehschwierigkeiten nach, dann werden sich diese unvermeidbar vergrößern!

FAZIT: Ändern Sie Ihre Denkmuster, denken Sie an das Schöne, und verbinden Sie es mit einem positivem Gefühl!

8.8 ACHTSAM SEHEN

1. **Achtsam sehen bedeutet bewusst sehen.**
   Je bewusster wir hinsehen, desto nachhaltiger prägt sich das Gesehene in unser Unterbewusstsein ein, und umso intensiver wird es verarbeitet. Wenn wir einen Menschen ansehen, erfassen wir seinen Gesichtsausdruck. Wir nehmen mit einem Blick umfassend seine Merkmale, seine Haltung, seine Kleidung, sein Aussehen und sein Auftreten wahr. Wenn wir einen Gegenstand sehen, sollten wir mit geschlossenen Augen die Hauptmerkmale, durch die er sich von anderen Gegenständen unterscheidet, bildhaft vor uns sehen.

2. **Achtsam sehen heißt natürlich sehen.**
   Es heißt, wie ein Kind zu sehen: Mit offenen Augen Kleines und Großes wichtig nehmen. Vielleicht ist gerade die Aufgabe, mit der wir uns befassen, Ausgangspunkt neuer Erkenntnisse oder Entdeckungen.

99 Menschen gehen gedankenlos an einer Sache vorüber, bis der 100 genauer hinsieht, ihren Wert erkennt, sich zunutze macht und damit ein Vermögen verdient. Unsere Welt ist voller Möglichkeiten und Ideen, ungeborener Erfindungen und ungenutzter Aufstiegsmöglichkeiten. Sie fallen jenen zu, die die Augen kindlich offen halten und zugreifen. In allem das Wunderbare das Einzigartige wahrnehmen.

3. **Achtsam sehen heißt konzentriert sehen.**
Viele Menschen träumen beim Sehen: Ihr Blick ist zerstreut, nie scharf auf einen Gegenstand eingestellt. Infolgedessen ist ihr Gedächtnis schlecht. Denn nur, was man genau sieht, dringt bis zum inneren Auge und bleibt als Erinnerung erhalten.

4. **Achtsam sehen heißt Zusammenhänge sehen.**
Das bedeutet, nicht nur mit den Augen, sondern mit dem Geist und der Seele sehen, das Gesehene im Herzen bewegen, durch die vielen Vorurteile des Sehens und Denkens hindurch zu dringen und von bloßen Ansichten belastet zur Einsicht und zur Übersicht gelangen. Es heißt auch, alle Umstände zu berücksichtigen, nicht nur die Vordersicht, sondern auch die Rückansicht der Dinge beachten.

5. **Achtsam sehen heißt selbstständig sehen.**
Es geht nicht darum, anderen etwas „nachzubeten" („Ja, das sehe ich auch so"), sondern selbstständig zu sehen. So fällt man nicht in die Opferrolle, sondern sieht mit den eigenen Augen.

Gewöhnen Sie sich daran, nichts als selbstverständlich anzusehen, nichts kritiklos als gegeben hinzunehmen, keinen Meinungen zum Opfer zu fallen, sondern allen Dingen mit gesundem Menschenverstand und wissenschaftlicher Gründlichkeit nachzuspüren.

6. **Achtsam sehen heißt nichts übersehen.**
Es gilt, auch das unwichtig Erscheinende anzusehen, also ob es wichtig und entscheidend sei, und nichts als gering zu verachten. Der geniale Mensch ist der, der Augen für das hat, was ihm vor den Füßen liegt.

7. **Achtsam sehen heißt wertend sehen.**
Es heißt, den Dingen, die man erblickt, ihren rechten Wert und ihren Preis zu geben. Es ist von Nutzen, wenn man weiß, was eine Sache kostet – an Geld wie an Mühe. Wertend sehen heißt zugleich: Mängel sehen und Möglichkeiten ihrer Beseitigung. Es heißt weiter: Kraftvergeudung, Verschwendung erkennen und abzustellen. Wissen, Zeit, Kraft, Energie und Geld sparen helfen.

8. **Achtsam sehen heißt Reichtum sehen und schaffen.**
Schon mancher wurde dadurch finanziell reich, dass er genauer hinsah als andere. Im Wort „erfinden" liegt das Wort „finden". Um zu finden, muss man die Augen öffnen. Tausende kleine und große Erfindungen, die den Menschen das Leben erleichtern und verschönern, befinden sich noch im Meister, der seinen Sehsinn schult. Wie kann ich das Leben anderer bereichern, lautet die Schlüsselfrage, um die in den Tatsachen verborgenen Schätze wahrzunehmen und zu Tage zu fördern.

9. **Achtsam sehen heißt wirtschaftlich sehen.**
Es bedeutet, praktisch und zweckmäßig zu sehen und zu denken. Es ermöglicht uns, schneller als andere zu denken und zu handeln, aus Fehlern anderer zu lernen, besser aufzupassen, Täuschungen zu vermeiden und Enttäuschungen zu entgehen. Oft heißt es, in etwas Alltäglichem etwas Besonderes zu sehen und daraus zu machen. Ist etwas effektiv? Wie kann ich es noch effektiver machen?

10. **Achtsam sehen heißt Einsicht erlangen.**
Die geistige Müdigkeit und Blindheit sind es, die die meisten abhängig machen und verzweifeln lassen. Sie leben nicht, sie erleiden das Leben und leiden am Leben. Darum müssen wir sehen lernen! Es gibt unendlich viel Glück in der Welt. Nur wer schlecht sieht, erblickt überall Leid und Probleme, weil er den Sinn nicht sieht. Wer aber wachsam und achtsam sieht, erkennt den Glücks-Sinn und die hohe Bestimmung allen Seins, das die Welt so ist, wie er sie ansieht.

Alle äußeren Nöte haben ihre Wurzeln im Innern - im Inneren Blindsein oder im falschen Sehen und Denken. (Tepperwein, K. (2002), S. 103-111).

8.9 Hausmittel und Kräuter für die Augen

- **Augenbrennen mit übermäßiger Tränenabsonderung:** Besorgen Sie sich in der Apotheke Augentrosttee und machen Sie damit am Abend Augenwaschungen.
- **Augenschwäche:** Waschen Sie Ihre beiden Augen mit Baldriantee aus. Trocken Sie die Augen nicht ab. Lassen Sie den Tee von selber einziehen. (Weidinger, H.J. (1992) S. 99)
- **Augenentzündungen:** Sammeln Sie Himbeerblüten. Zupfen Sie anschließend die Blütenblätter ab und zerreiben Sie diese. Mischen Sie die zerriebenen Blätter mit so viel echtem Bienenhonig ab, dass eine einheitliche Masse entsteht.
Lösen Sie diesen Honig in einigen Tropfen warmen Wasser auf.

Tragen Sie diesen bei der Anwendung auf den Augenlidern auf. 15 bis 20 Minuten einwirken lassen und dann lauwarm abwaschen. Die Himbeerblüten-Honig-Masse wirkt gleichzeitig reinigend und stärkend. (Weidinger, H.J. (1992) S. 200)

- **Augenentzündungen:** Trinken Sie Kamillentee. Geben Sie zwei Teelöffel Kamille in ¼ l kochendes Wasser und lassen Sie den Tee 15 Minuten ziehen und seihen Sie diesen anschließend ab. Eventuell mit Honig süßen. (Weidinger, H.J.(1992) S. 74)
- **Augenentzündungen und Krustenbildung an den Augenlidrändern:** Ein Teelöffel Salbeiblätter mit ¼ Liter kochendem Wasser überbrühen, 15 Minuten zugedeckt ziehen lassen und abschließend abseihen. Mit diesem gut temperierten, „dünnen Salbeiaufguss" werden mittels eines Leinentuches die Augen gründlich ausgewaschen. Die Krusten solange aufweichen, bis sie sich von selber lösen. Nicht mit Gewalt losreißen. Zum Abschluss die Augenlider mit Honig bestreichen. Dies verhindert eine neue Krustenbildung. (Weidinger, H.J. (1992) S. 87)
- **Augenschwäche:** Baden Sie Ihre Augen in einem Tee aus einem der folgenden Kräuter: Augentrost, Fenchel und Wermut. (Weidinger, H.J. (1992) S. 288).
- **Fremdkörper im Auge:** Soll ein Fremdkörper aus dem Auge entfernt werden, riecht man einige Male an einer angeschnittenen Zwiebel und bewegt anschließend das obere Augenlid auf und ab. Dadurch wird der Fremdkörper mit Tränen ausgespült. (Weidinger, H.J. (1992) S. 184) Manchmal hilft auch das Einträufeln von einigen Tropfen Olivenöl.

Mit Hilfe eines spitz gefalteten, sauberen Löschpapieres mit angefeuchteter Spitze lässt sich der Fremdkörper leicht entfernen. (Weidinger, H.J. (1992) S. 122)

- **Geschwollene Augenlider:** Sind die Augenlider rot und verschwollen, übergießt man 2 Teelöffel Lindenblüten mit ¼ l heißer Milch. 15 Minuten ziehen lassen, absieben und damit Auflagen machen. (Weidinger, H.J. (1992) S. 360)
- **Grauer Star:** Trinken Sie unterstützend **drei Wochen** Nierentee. (15g Zinnkraut, 10g Brennnesseln - am besten im Frühjahr sammeln -, 8g Vogelknöterich (=Wegtritt) und 6g Johanneskraut). Diese Menge reicht für eine Person drei Wochen lang! Eine Prise (Menge zwischen Daumen und zwei Fingern) in einer Tasse heißem Wasser zehn Minuten ziehen lassen, dann absieben und den Teesatz nochmals in zwei Tassen heißes Wasser geben und zehn Minuten kochen, nachher absieben und zusammenleeren. **Nierentee darf nur drei Wochen getrunken werden**: Am Morgen nüchtern, vor dem Mittagessen und abends je eine halbe Tasse. Nach drei Wochen sollten Sie den Tee mindestens drei Wochen aussetzen.

Sie werden sich jetzt wahrscheinlich fragen, warum der Nierentee so zubereitet wird: Laut Rudolf Breuß sind im Nierentee fünf Stoffe, die nicht gekocht werden dürfen, da sie beim Kochen zerstört würden. Dann ist noch ein sechster Stoff (Kieselsäure) enthalten, den wir nur erhalten, wenn der Teesatz zehn Minuten gekocht wird.

Essen Sie während dieser Zeit auch kein Fleisch. Weiters trinken Sie täglich Salbeitee und ab 16 Uhr Apfelschalentee. (Breuß, R. (2003), S. 115)

- **Müde Augen:** Müde Augen erhalten ihre frische zurück wenn man 2 Esslöffel Fenchelfrüchte im Mörser zerstößt, mit ½ Liter kochendem Wasser übergießt, 15 Minuten zugedeckt ziehen lässt, abseiht, und einen vollen Esslöffel Bienenhonig beimischt. Trinken Sie die Hälfte davon und bereiten Sie mit den Rest während des Tages Umschläge und legen Sie diese über die Augen. Wechseln Sie diese Umschläge öfter. (Weidinger, H.J. (1992) S. 47)
- **Rote und schmerzende Augen:** Nehmen Sie einige Fenchelfrüchte, zerstoßen Sie diese im Mörser und mischen diese mit etwas erwärmten, kaltgepressten Olivenöl ab. Lassen Sie diese Mischung anschließend eine Stunde stehen, filtrieren Sie diese und träufeln Sie sie sanft in die Augen ein. (Weidinger, H.J. (1992) S. 326).

9 Raum für eigene Notizen

10 Nachwort

Dieses Buch ist das Ergebnis und die Essenz aus über 20 Jahren praktischer Forschungsarbeit zum Thema ganzheitliche Augengesundheit. Es ist kein Buch mit grauer Theorie sondern ein PRAXISBUCH.

Daher ist es wichtig, täglich im Buch zu lesen und den Inhalt ins tägliche Leben einfließen zu lassen.

Teilen Sie mir bitte auch die Erfahrungen mit diesem Buch mit.

„Kommt sagt es allen weiter, ruft es in alle Welt hinaus" lautet ein wunderschönes christliches Lied. Unter diesem Motto wäre ich Ihnen sehr dankbar, wenn Sie anderen Mitmenschen von der Begegnung mit diesem Buch erzählen, und es weiterempfehlen würden.

Meine Vision ist es, die Welt glücklicher, erfüllter, gesünder und liebevoller zu gestalten.

Mein Segen begleite Sie,

Ihr

Martin Leopoldseder

Über dem Autor

Martin Leopoldseder beschäftigt sich neben seiner Tätigkeit als Zauberkünstler und Sozial-Kabarettist, schon seit über 20 Jahren mit der Erforschung von wahrem Glück und innerem Wohlbefinden sowie nach den wahren Ursachen von Krankheit und Leid, um Möglichkeiten und Lösungen zu finden, um ein ganzheitlich erfolgreiches, und von Herzen erfülltes, selbstbestimmtes Leben zu führen.

Wenn Sie mit dem Autor Kontakt aufnehmen wollen, erreichen Sie ihn unter:

E-Mail: magicleo@gmx.at

Websites: www.magicleo.at
www.leo-oma.at
www.martin–leopoldseder.com

YouTube-Kanal des Autors: Martin Leopoldseder

11 Literaturverzeichnis

Breuß, R. (2003): Krebs, Leukämie und andere scheinbar unheilbare Krankheiten mit natürlichen Mitteln heilbar, Nüziders, Margreiter

Hoekstra, E/Van der Neer, D. (2010): Ismakogie, Anmut, Schönheit, Vitalität, Entspannung – die spielerisch sanfte Bewegungslehre für den Alltag, Zürich: Oesch Verlag

Podleschak, M. (2008): Ismakogie, Schön, geschmeidig, lebensfroh durch Befreiung von Haltungsschäden, Wien: Edelbacher Druck GesmbH.

Tepperwein, K. (2002): Mentales Augentraining, So verbessern Sie Ihre Sehfähigkeit, Güllesheim: Verlag die Silberschnur

Weidinger, J.H (1992): Guter Morgentip vom Kräuterpfarrer, St.Pölten: Verlag Niederösterreichisches Pressehaus

12 Quellenverzeichnis

Bernd Bertram: Katarakt, aufgerufen am 27.Mai 2019, verfügbar unter:
http://cms.augeninfo.de/hauptmenu/presse/aktuelle-presseinfo/pressemitteilung/article/blind-durch-glaukom-das-muss-nicht-sein-1.html

Franz Enzenhofer: Kräuter statt Nahrungsergänzungsmittel, aufgerufen am 09.Mai 2019, verfügbar unter:
https://www.veganblatt.com/kraeuter-statt-nahrungsergaenzungsmittel

Jan Zimmermann: Der Augeninfarkt: Symptome und Behandlung des Sehsturzes, aufgerufen am 23.April 2019, verfügbar unter:
https://www.gesundes-auge.de/krankheiten/augeninfarkt/

Jessica Jansen: Augenkrebs, Symptome, Behandlung und Heilungschancen, aufgerufen am 23.April 2019, verfügbar unter:
https://liebenswert-magazin.de/augenkrebs-symptome-behandlung-und-heilungschancen-des-aderhautmelanoims-4430.html

Sabrina Mihlan: Glaskörpertrübung und „mouches volantes", aufgerufen am 24. April 2019, verfügbar unter:
https://www.gesundes-auge.de/krankheiten/glaskörpertruebung/

Sabrina Mihlan: Makuladegeneration: Ursachen, Symptome und Behandlung, aufgerufen am 24.April 2019, verfügbar unter:
https://www.gesundes-auge.de/krankheiten/makuladegeneration/

Sabrina Mihlan: Das trockene Auge: Sicca Syndrom, aufgerufen am 24.April 2019, verfügbar unter:
https://www.gesundes-auge.de/krankheiten/sicca-syndrom/

Sabrina Mihlan: Vitamine für die Augen: Welche Nahrungsmittel sind gut für meine Augen, aufgerufen am 09.Mai 2019, verfügbar unter:
https://www.gesundes-auge.de/auge/vitamine/

Tino Niggemeier: Allgemeinerkrankungen des Körpers und ihr Einfluss auf die Augen, aufgerufen am 23.April 2019, verfügbar unter:
https://www.gesundes-auge.de/krankheiten/einfluss-krankheiten/

Tino Niggemeier: Der Einfluss von Medikamenten auf das Auge, aufgerufen am 23.April 2019, verfügbar unter:
https://www.gesundes-auge.de/krankheiten/einfluss-medikamente/author-boxes

Tino Niggemeier: Das Sjörgen Syndrom und trockene Augen, aufgerufen am 24.April 2019, verfügbar unter:
https://www.gesundes-auge.de/krankheiten/sjoergen-syndrom/

Vom Autor sind bisher folgende Titel erschienen:

JEDEN ABEND ZUR RUHE KOMMEN

Ängste und Sorgen vor Terror, Stress, Alleinsein im Alter, Krankheiten, vor der Zukunft; all das lassen Menschen nicht mehr zur Ruhe kommen. Dieses Buch enthält viele, hoch wirksame, erprobte und praktische Methoden und Techniken, um sich von innerer Unruhe, Ängsten und Sorgen zu befreien.

ZEITLOSE WEGE ZU GANZ-HEITLICHER GESUNDHEIT UND HEILUNG

Dieses Praxisbuch befasst sich mit allen Bereichen der Gesundheit.

Omas beste Mehlspeisen

Diese Rezeptsammlung beinhaltet Mehlspeisen ohne chemische Zusätze.

Alle Bücher sind auf www.amazon.de und www.thalia.at erhältlich, sowie in sämtlichen Buchhandlungen in Österreich und Deutschland bestellbar.